JN337012

THE LITTLE BOOK OF
MARKET WIZARDS
LESSONS FROM THE GREATEST TRADERS

エッセンシャル版

マーケットの魔術師

投資で勝つ23の教え

ジャック・D・シュワッガー
Jack D. Schwager
［著］
小野一郎
［訳］

ダイヤモンド社

THE LITTLE BOOK OF MARKET WIZARDS

by Jack D. Schwager

Copyright © 2014 by Jack D. Schwager
All rights reserved.

Japanese translation published by arrangement with
John Wiley & Sons International Rights, Inc. through
The English Agency (Japan) Ltd.

Foreward

序文

毎年クリスマス休暇になると、ジャック・シュワッガーの『マーケットの魔術師』シリーズ（パンローリング）を読んで、翌年のマーケットでの戦いに向けて心の準備をすることを習慣にしている。

市場でのトレーディングという仕事に関して、彼ほど多くの記録を残してくれた人はいない。実際、このシリーズの世話になっていない市場関係者は存在しないだろう。これから80年先になっても、その内容が色褪せることはないと思う。

マーケットに参加してこれから頑張ろうという人の中に、世界で最も成功し実績を残しているトレーダー59人の考えを知ることが時間の無駄だと思う人はいないはずだ。この本はまさにそれを教えてくれる。彼らの考え方、仕事の進め方、リスク管理、代表的な株式や金利、外国為替、先物取引から得られる重要な教訓など、さまざまなことが登場する。

私は１９８１年からトレーディングの世界で生きてきたので、ほかの人の秘密を手取り足取り教えるようなハウツーものには興味がない。ただ、コンスタントに利益を上げているトレーダーには共通することが２つあると固く信じている。それは、自分の個性に合った手法と積極的なリスクマネジメントだ。『マーケットの魔術師』のどの話にも、これら２つの要素がさまざまな形で登場する。私はそれを読んで、過去および現在の自分の手法を振り返り、将来を考えるのだ。

本書は、『マーケットの魔術師』シリーズを新たな形で提示している。１つは、これまでのトレーダーのインタビューをすぐに思い出させてくれることだ。また、トレーディングの巨匠たちとの密度の濃いインタビューから、ジャック・シュワッガーだけが引き出せる奥深さを新鮮な形で示すものでもある。

本書は、ジャック・シュワッガーが『マーケットの魔術師』シリーズとして出版した４冊の著書に登場する数十人のインタビューをトレーディングに不可欠な項目で分類し、解釈を加えたものである。

先ほど述べた個性を持ったトレーディング手法と積極的なリスクマネジメントという2つの要素に加えて、本書では、成功を収めたトレーダーに共通するその他のさまざまな特質もまとめている。これらの実例は大いに役立つ。我慢強さ、自分の強み、ハードワークやこだわり、ゲームの中で負ける部分、感情との付き合い方、負けが連続したときの対応、失敗することなど、さまざまなテーマが登場する。

これからトレーディングを始めようとする人がよく間違えるのは、取引開始のシグナルを見つけるのが成功の秘訣と思い込んでいることだ。頭のよい人々は、この誤った考え方を教えて、80％の勝率で勝てるトレーディングシステムなるものを売り込もうとするが、売り込んでいるその人自身はほとんどトレーディングで成功などしていない。

新人かベテランかに関係なく、成功を目指して頑張る人、すでに成功を収めた人、自分の判断で取引する人、システムをつくって取引する人、また個人投資家もヘッジファンドのマネジャーも、誰もがこの本をトレーディングに関する座右の書にする日はそう遠くはないだろう。

本書は、私が毎年、年末になると読み直す本になった。こんなに何度も読むことになった本はこれが初めてだ。マーケットの参加者にこんな贈り物をくれたジャック・シュワッガーに感謝したい。

ピーター・ブラント（トレーダー）

Preface

まえがき

過去25年間にわたり、私は世界中の優れたトレーダーのインタビューを行い、彼らの成功の秘訣を見つけようとした。その結果を4冊の『マーケットの魔術師』シリーズにまとめた。彼らと普通の市場参加者とはどこが違うのか、彼らに共通する大成功の要因は何かという問いへの回答を探したのだ。

本書は、その答えのエッセンスを抽出したものだ。四半世紀にわたり蓄積した4冊の本の主要な考察の全体像を示している。4冊の本に代わるものというよりも、簡潔にまとめた入門編と考えていただきたい。インタビューの中で最も重要と思われる教訓を取り出したつもりだ。

ただし、どれを重要と考えるのかは、読者によって異なるだろう。これまでの経験でも、人によって印象に残ったインタビューはさまざまだった。本書を読んで、さらに深く詳しく知りたい方は、４冊のシリーズをご覧いただきたい。

トレーディングや投資に興味はあるが、『マーケットの魔術師』シリーズを読んだことのない読者には、本書は簡潔でわかりやすいアドバイスの要約として役立つと思う。シリーズを読んだことのある読者にも、オリジナルのインタビューに込められた重要な教訓を素早く復習する便利な手引きとして有効だろう。

本書はいわゆるハウツー本ではないし、トレーディングのテクニックを教えるものでもない。また、マーケットで簡単に富を築くコツを授けるものでもない。

せっかくやる気があっても、役にも立たない型にはまった手法をハウツー本で学ぼうとする人が多すぎるのではないか。その結果、どんな方法であっても成功するために不可欠なコンセプトを見逃してしまうのだ。マーケットで簡単に儲ける方法を探している人は、その答えが本書にはないことにがっかりするだろう。しかし、そのような人が簡単に儲かる方法を教える本に従って投資をすれば、結局がっかりする結果しか得られない。ただし、マーケットで成功するための基礎を築こうと考えるなら、本書の中に貴重なアイデアを見つけられるはずだ。

本書はトレーディングでの成功について書いているが、実は成功すること全般がテーマなのだ。ここで登場する特徴や特質は、トレーディング以外の何にでも使えるものである。かつて、トレーディングについての講演のあとに、聴衆の1人がやってきてこう言った。

「私は聖職者です。あなたの話してくれたポイントの多くが、信徒を集めるときにも重要であることに驚きました」

これほどかけ離れた世界もないと思うのだが、キーポイントは同じだというのだ。成功には共通する特質があり、私は成功したトレーダーの話の中にそれを見つけたわけである。

ジャック・D・シュワッガー

マーケットの魔術師　エッセンシャル版　目次

❖1回の取引と段階的な取引
❖マーケットの流れとは反対にポジションを調整する
❖動的なトレーディング手法

19 マーケットの反応を見る

❖ニュースよりもマーケットの反応のほうが大事
❖強気のニュースなのに弱気のサイン
❖なぜ悪いニュースで相場は上昇するのか?
❖最も強気のニュースでも、マーケットは期待どおりには動かない
❖マーケットの小さな反応を見逃さない
❖市場に影響を与えないニュースの価値
❖水中のバレーボールのような回復力
❖最強を買って、最弱を売る
❖マーケットの相関関係を手がかりにする

1
Failure Is Not Predictive

失敗は予測できない

❖成功者も最初は失敗している――ボブ・ギブソンの話

1959年4月15日、ボブ・ギブソンはカージナルスのリリーフ投手としてメジャーリーグデビューをした。試合はドジャースに3対0で負けていた。彼は最初のバッターにホームランを浴びた。これは過去に65人しかいない不名誉な記録だった。(1)そして次の回には、またホームランを打たれた。

次の日、再びリリーフで登場し名誉挽回のチャンスを得たものの、この日もドジャースに手ひどくやられた。その2日後のジャイアンツ戦に起用されたときは、8回ツーアウト、ランナー2人の場面で、登板した途端に2塁打を打たれてしまった。その後1週間をベンチで過ごしたあと、マイナーリーグへ送られた。これ以上ないというひどいデビューだった。

始まりはひどいものだったが、ギブソンは結局、歴史に残る名ピッチャーの1人になった。多くの人が歴代の名投手20人の1人と認めるほどの存在だ。

ギブソンはメジャーリーグで17シーズンを過ごし、251勝、奪三振3117、防御率2・91が通算成績だ。1968年には、1914年以来最高の1・12という低い防御率を記録した。サイヤング賞を2回受賞し、ワールドシリーズのMVPにも2回選ばれている。オールスターゲームに9回出場して、資格を得たその年に野球殿堂入りを果たした。

❖最初に失敗しても、やり続けることが大事

『マーケットの魔術師』の取材・執筆をしていて驚いたのは、大成功を収めたトレーダーの多くが最初は失敗していたことだった。完璧な失敗、しかもそれを何度も繰り返すというのがごく普通だったのだ。マイケル・マーカスの話はその典型例である。

マイケル・マーカスは大学在学中に先物取引の虜になった。彼は、友人の友人ジョンが商品取引をすれば2週間でお金が2倍になると言うのにつられてしまい、1週間30ドルの報酬でジョンをアドバイザーとして雇い、それまで苦労して貯めたお金で先物取引の口座を開いた。

証券会社のロビーで商品相場の価格変動を見ていて（これは1960年代のことだ）、マーカスはすぐに彼の「アドバイザー」がトレーディングをまったくわかっていないことに気づいた。取引をするたびに、彼の資金は消えていった。

あるとき、ジョンはその日一番のアイデアを思いついた。8月に豚のわき腹肉を買う

と同時に、翌年2月に豚のわき腹肉を売るという取引をするのだ。2つの取引の価格差はコスト（期近の取引の決済、商品の保存、先物の決済などすべてのコスト）よりも大きかったからだ。絶対に負けることのない取引だと思えた。

注文を終えて、2人はランチに出かけた。戻ってきたマーカスは驚いた。資金がほとんど空っぽになっていたからだ。8月に買った豚のわき腹肉を2月の取引の決済に使えないことを、マーカスはあとになって知った。2人の知識レベルは同じだとマーカスはジョンに伝えた。つまり、何も知らなかったわけだ。アドバイザーはただちにクビになった。

マーカスは頑張ってまた500ドルを貯めたが、これもすぐになくなった。それでも諦めきれず、また失敗を認めたくなかったマーカスは、彼が15歳のときに亡くなった父が掛けていた生命保険を解約して3000ドルを手に入れた。そして、彼は穀物の勉強を始め、いくつかの取引で利益を得るようになった。

1970年には、購読していた情報紙のアドバイスに従ってトウモロコシを買った。運のいいことに、この年、トウモロコシを枯れさせる病気が流行り、夏の終わりにマーカスの3000ドルは3万ドルになったのである。

秋から大学院に入学したが、トレーディングで頭がいっぱいで、結局、ドロップアウトした。ニューヨークに移ったマーカスは、人から職業を聞かれると、「投機家」と答えた。

1971年の春になると、トウモロコシの病気は冬を乗り越えて翌年の収穫にも波及するという話が広がった。マーカスはこれを信用して、もう一儲けしようと考えた。自分の3万ドルに母親から借りた2万ドルを加え、マーカスは信用取引に5万ドルを投じ、トウモロコシと小麦を買えるだけ買った。

病気を心配して、しばらくの間マーケットは堅調だったものの、上昇はしなかった。ある朝、新聞の金融欄に「病気は中西部のトウモロコシ畑ではなく、シカゴ商品取引所に蔓延」という見出しが出た。トウモロコシ相場は開始早々から暴落し、ストップ安[2]になった。ショックを受けたマーカスはリバウンドを祈ったが、ストップ安は解消されなかった。限度いっぱいまで信用買いをしていたため、翌朝にはすべての取引を解約するしかなかった。彼は自分の3万ドルを失ったうえに、母から借りた2万ドルのうち

1万2000ドルもなくしてしまった。

天に向かって「おれはとんでもない大バカなのだろうか」と言ったら、「そうではない。やり続けるのだ」という声がはっきり聞こえたような気がした。だから、続けたんだ。

マイケル・マーカス

何度もひどい失敗をして、諦めようとは思わなかったのかと、私は彼に質問した。「負け続けるのはつらい。トレーディングをやめるべきかもしれないと思うこともあったよ。『屋根の上のバイオリン弾き』に、リーダーが空を見上げて神と話すシーンがある。それをマネして、空を見上げ「おれはとんでもない大バカなのだろうか」と言ったら、「そうではない。やり続けるのだ」という声がはっきり聞こえたような気がした。

だから、続けたんだ」

そして、マーカスはやり続けた。次第にすべてがうまくいき始めた。生まれつき、彼にはトレーダーとしての豊かな才能があった。その才能に経験とリスク管理が組み合わされて、彼は大成功を収めた。そして、マーカスはコモディティ・コーポレーション社でトレーダーになった。最初３万ドルの資金を与えられ、数年後には10万ドルに増額された。割り振られたわずかな金額をマーカスはほぼ10年間でなんと８０００万ドルに増やしたのだ。しかも、これは会社が経費として彼の利益の30％を抜いたあとの数字だというのだから驚きだ。

❖慎重な「ワンロット」戦略を貫く

マーケットの魔術師の多くは、キャリアの最初で失敗しているが、トニー・サリバほどひどい例はない。サリバがシカゴ・オプション取引所の事務員として仕事を始めた頃、あるトレーダーが彼と５万ドルの賭けをした。サリバはボラティリティ・スプレッドのロング（市場のボラティリティが拡大すると利益の出るポジション）に投資した。初めの2週間は順調で、当初の5万ドルが7万5000ドルに上昇した。自分が天才かもしれないと思ったサリバは知らなかったのだが、買ったときはボラティリティの高い時期に入っていたため、結果的に彼は非常に高いコストでオプションを買っていたのだ。その後、市場の風向きはがらりと変化し、6週間後にサリバの手に残ったのはわずか1万5000ドルだった。

当時を振り返って、サリバは「自殺しようかと思った。1979年5月にシカゴのオヘア空港でDC－10が墜落したのを覚えているかな。ぼくが一番ひどい状況だったのは、ちょうどあのときだったよ」と述べた。

「あの事故はあなたの状況を象徴するものでしたか」

「そうだなあ。あの飛行機の乗客と立場を入れ替えてもいいとさえ思っていた。それくらいひどい状況だったな。もう、人生ぶち壊しだと思うほどの失敗だ」

散々なスタートだったが、サリバには1つ重要な強みがあった。粘り強さだ。最初の失敗でトレーディングをやめてしまいそうになったものの、結局、踏みとどまり、続けることにした。彼は経験豊富なブローカーにアドバイスを求めた。自分を鍛錬し、やるべき準備をきちんと行うこと、短期間に大きく儲けるのではなく、安定的にまずまずの利益を得ることの大切さを学んだ。

サリバはこうしたアドバイスを心に刻み、それまで扱ってきた極端に変動の激しいテレダイン社のオプション取引をやめて、値動きの小さなボーイング社のオプション取引に取り組んだ。のちにテレダイン社の取引に戻ったとき、慎重になっていた彼の注文サイズがあまりにも小さかったため、ブローカー仲間からからかわれて「ワンロット」（1単位）とあだ名をつけられた。サリバはこのときも自分の意志を貫き、からかいを気にすることなく、慎重な手法を変えなかった。結局、粘り強さとリスク管理の組み合わせは成功し、10万ドル以上の利益を70カ月連続で達成したこともあった。

❖2つの重要な教訓

ここでは、重要なポイントが2つある。

まず、失敗は予測できないことだ。優れたトレーダーでも、キャリアの初めには失敗することがよくあるし、失敗が連続することも珍しくない。のちにマーケットの魔術師と呼ばれるようになる人にとっても、スタートでの失敗は基本要件とも言えるものだ。ほとんどの人が初めは失敗するということを考えれば、トレーディングの初心者は、小額の取引から始めることでレッスン費用を低く抑えるのが賢明と言えるだろう。

２つ目のポイントは、成功には粘り強さが有効だということだ。ここで登場したトレーダーのような失敗をすると、ほとんどの人は諦めて、ほかのことに目を向ける。マーカスやサリバもそのほうが楽だったかもしれない。しかし、粘り強く続けなかったなら、マーケットの魔術師たちは自分の可能性を発見できなかっただろう。

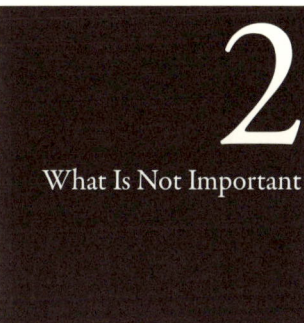

2

What Is Not Important

絶対的な法則を探してはいけない

❖まず重要でない事柄を把握しよう

トレーディングで成功するのに何が重要かを考える前に、重要でないことは何かというところから始めよう。初心者が成功の必須要件と考えることが実は的外れであることが多い。トレーダー志望者の中には、価格の動きを解き明かし、予測する秘密の方程式やシステムを見つけ出すことこそ成功の秘訣だと信じて、それさえ見つければ成功は保証されると疑わない人も多い。トレーディングの成功がある特定の理想的な手法とリンクしているというのはまったくの誤解である。唯一絶対の方法などないのだ。

私がインタビューした２人のトレーダーの哲学と手法を比較して、この点を明らかにしよう。その２人とは、ジム・ロジャーズとマーティ・シュワルツだ。

❖ファンダメンタル分析のジム・ロジャーズ

ジム・ロジャーズは驚異的な成功を収めたトレーダーだが、自分ではトレーダーではなく投資家だと言う。それは、ポジションを長期間保有するからだ。１９７３年にジョージ・ソロスと共に、ヘッジファンドのクォンタム・ファンドを創設した。大成功したこのファンドは規模を拡大し、それに伴って、やりたくない経営者としての責任も大きくなったため、ロジャーズは１９８０年に同社を去った。マーケット分析と投資をやりたかった彼は、自分の資金を運用するために、会社を「引退」したのだ。

ロジャーズの得意技は、大局を見て、長期的に大きなトレンドをつかむことだ。私が彼にインタビューした1988年には、金価格が8年連続で下がり続けていた。しかし、ロジャーズは弱気市場がさらに10年は続くと見ていた。

「将軍は最後の戦いに登場するものだ。ポートフォリオマネジャーは強気市場の最後の場面で投資する。金がいつも価値を持ち続けると考えるのは間違いだ。過去を振り返れば、金が購買力を失った時期はあるし、それが長いときには何十年も続くことがあった」

ロジャーズは完全に正しかった。金価格はその後11年間下がり続けた。もう1つ、彼が格別の意見を持っていたのは、日本の株式市場である。当時の日本株市場は爆発的な上昇の真っ只中だった。しかし、ロジャーズは激しい下落が起こると確信していた。

「日本の株式市場が今後1、2年のうちに大暴落することは保証してもいい。おそらく価値の80~90%がなくなるだろう」

とてもありえない予想だと思ったのだが、これも大当たりだった。私たちのインタビューから1年と少しあとに、日本の株式市場はピークを迎え、その後14年間で日経平均が80%下落する局面が始まったのだ。

間違いなく、ジム・ロジャーズの意見は傾聴する価値がある。彼はファンダメンタル分析を行う。チャート分析について意見を求めたところ、テクニカル分析をバカにしていることを露骨に見せた。

「テクニカル分析をしている人で金持ちになった人に会ったことがない。例外は、テクニカル分析のサービスを売っている人だけだね」

ロジャーズにチャートを使ったことがあるかと尋ねると、「いま起きていることを把握するために使っている。さっき使った言葉があったね、リバーサル（相場の反転）かな？　ここでリバーサルが起きているとか、そういうことに使うのではないよ。そもそもリバーサルの意味も知らないのだから」

私が言葉の意味を説明しようとすると、彼はさえぎった。

「やめてくれ。頭が混乱するから。そういうことは知らないし、知りたくもない」

特定の取引手法に対して、これほど否定的な態度はほかでは考えられない。

❖テクニカル分析のマーティ・シュワルツ

それでは、もう1人、こちらも考えられないほどの大成功を収めたトレーダーの話に移ろう。マーティ・シュワルツは、ジム・ロジャーズとは対極にある分析手法の使い手だ。私がインタビューしたとき、4万ドルで始めた口座を2000万ドル以上に増やしたところだった。しかも、毎月末の残高ベースで一度も3％以上減少させたことがなかった。

最悪のふた月にそれぞれ2％と3％の損失を出したときは、子供が生まれて、それに気を取られたというやむをえない事情があったと、シュワルツは悔しそうに話していた。

この間に、シュワルツはトレーディングの公開コンテストに10回参加した。そのうちの9回は4カ月の期間を定めていたが、彼の平均リターンは210％だった。これは年換算ではなく、それぞれの期間におけるリターンである。1度参加した1年間のコンテストでは781％ものリターンを記録している。

トレーダーとしてのシュワルツの意見が傾聴すべきであることは言うまでもない。それでは、彼はテクニカル分析とファンダメンタル分析についてどう言っているだろうか。テクニカル分析に基づくトレーディングを専業で行うようになるまで、シュワルツは10年間近く証券アナリストをやっていた。私が彼に「ファンダメンタル分析からテクニカル分析に完全に鞍替えしたのか」と質問したときの彼の返答は、ロジャーズがテクニカル分析について語ったこととの完全な裏返しだった。

シュワルツはこう答えたのだ。

「もちろんだ。テクニカル分析をやっていて金持ちになった人を見たことがないという話はまったくの笑い話だ。それほど失礼でバカバカしい言い方はない。私は9年間ファンダメンタル分析をやっていたが、稼げるようになったのはテクニカル分析を始めてからだ」

トレーディングで何が役立つかということについて、これほどかけ離れた意見を聞くことはないだろう。ロジャーズはファンダメンタル分析に基づいた投資を行い、テクニカル分析は当てにならない、インチキだと考えている。一方、シュワルツはファンダメンタル分析では損ばかりしていたが、テクニカル分析によって信じられないほどの実績を示した。どちらも目覚ましい実績を残しているわけだが、お互いの手法を完璧に見下している。

❖かけ離れた見方から得るもの

ロジャーズとシュワルツとの間の対立する見解は、あなたに何を教えてくれるだろうか。それは「マーケットにはこれだけが正しいという道はない」ということである。見つけ出さなければならない唯一の秘訣、トレーディングのただ1つの正解などないのだ。唯一の本当の回答を求めようとする人は、正しい答えを見つけるどころか、そもそも質問の仕方を間違えている。

唯一のマーケットの秘密や、トレーディングでただ1つの正しい道というものはな

い。唯一の本当の回答を求めている人は、正しい答えを見つけるどころか、そもそも質問の仕方を間違えている。

マーケットで儲ける方法は無数にある。残念ながら、そのどれもが簡単には見つからない。しかし、成功への道がたくさんあることは間違いない。ファンダメンタル分析だけを行うロジャーズのようなトレーダーがいる一方で、シュワルツのようにテクニカル分析一本槍の人もいる。さらに両方を組み合わせて使うトレーダーもいる。何カ月、何年もポジションを保持するトレーダーもいれば、分単位の取引で儲ける人もいる。

成功の秘訣は、自分に適した方法を見つけることだ。それは1人ひとりにとって同じものではない。すべての人に当てはまる唯一の方法を見つけるということではないのである。

3

Trading Your Own Personality

自分に合った手法を使う

❖自分の個性に合った手法から脱線してしまう人々

トレーダーとして成功する道は1つだけではないと書いた。この言葉は、トレーディングで成功するために不可欠な要素を示している。この本から得たものが次の1つだけだったとしても、この本を読んだ意味はあったと言える。それは、「トレーディングで成功した人は、自分に合った手法を見つけている」ということだ。

トレーディングにおいて唯一絶対の方法はない。しかし、成功するためには、自分の個性に合った手法を見つける必要がある。私がインタビューした成功者に共通していたのは、この点だった。みんな自分の個性や信念にピタッと来る手法をつくりあげていた。そんなことは当たり前だと思えるくらい、論理的に正しいことだと思うだろう。あなたはこう思うかもしれない。「誰でも自分の個性に合った手法を使っているのではないのか？」

しかし、現実には、そうではないのだ。シュワルツは10年近くファンダメンタル分析でマーケットに挑んだが、その手法は彼の個性に合ったものではなかった。彼はファンダメンタルの観点に基づくマーケットの見方に自分を合わせようとした。シュワルツは「会社員としては安定して十分な給料をもらっていたのに、マーケットではいつも負け続けていたので、ほとんど破産状態だった」と当時を振り返る。

その後、テクニカル分析に集中してから、彼のトレーディングはうまくいくようになった。テクニカル分析を使えば、たとえ失敗しても、すぐに取引から抜け出ることができた。失敗から抜けられれば、新たなチャンスは目の前にたくさんある。

「勝てるチャンスがいつでも目の前にあると信じていれば、損失を出しても、たいしてつらくはない。1つ間違えても、それが何だというのだ」

シュワルツは自分にピッタリ合う手法を手に入れた。テクニカル分析がファンダメンタル分析よりも優れているということではない。テクニカル分析のほうがシュワルツには合っていたことがポイントだ。ほかの、例えばジム・ロジャーズのようなトレーダーにはその逆が当てはまるわけだ。

驚くことに、自分に合っていない手法に自分の個性のほうを合わせようと、お金も時間も無駄に使って一生懸命苦労している人が多い。コンピュータでトレードするシステムをつくることに生まれつきの才能があるのに、自分のシステムの指示には従わず、自分勝手な感性で取引しようとする人がいる。一方、長期的なマーケットのトレンドをつかむことが得意なのに、長期間ポジションを保持することに飽きてしまい、短期の取引を行ってお金を失う人もいる。人はみな自分の個性に合った手法から脱線するものらしい。

❖次々トレードするポール・チューダー・ジョーンズ

ここでも、私がインタビューした2人のトレーダーを対比して説明しよう。まず、ポール・チューダー・ジョーンズだ。彼は当代随一の先物トレーダーである。私がインタビューしたのは、1987年の株式市場暴落の半年後だった。その月には、多くの人が大打撃を受けていたが、ジョーンズは62%のリターンを達成した。しかも、当時、彼は5年連続で3桁のリターンを「ほぼ」達成していたのだ。「ほぼ」と書いたのは、5年のうち1年だけリターンが99%だったからだ。

インタビューを申し込むと、マーケットが開いている時間を指定してきた。ジョーンズが非常にアクティブなトレーダーだと知っていた私は少し気懸りだった。予想したとおり、彼のオフィスに入ると、トレーディングフロアにつながっているスピーカーホンに注文を叫んでいるところだった。

ジョーンズの注文が終わるのを待って、仕事のじゃまをしたくないのでマーケットが終了してからインタビューをすることを提案した。彼は答えた。

「いや、大丈夫だ。始めよう」

私の質問に答えながら、ジョーンズの目は部屋の一面に広がる大きなモニターに映し出されたマーケットの状況を追い、ときどき独特の熱のこもった注文を叫んだ。プロテニスの選手がボレーをガンガン打ち返す姿を私は思い浮かべていた。

「12月の原油を300、ちょうどの価格で買え。どんどんいけ。おい、聞いているのか。返事をしろ！」

インタビューの間中、このほかにも電話をかけ、オフィスに飛び込んできたスタッフに指示を与えていた。

❖じっくり調査をするギル・ブレイク

ポール・チューダー・ジョーンズのトレーディングの様子を頭に置きながら、まったく異なるタイプのギル・ブレイクを見てみよう。

皮肉な言い方になるが、ブレイクがトレーディングに関わるようになったのは、マーケットの動きがランダムであり、うまくタイミングを捉えて利益を得ることはできないということを同僚に示すためだった。当時、ブレイクはある会社のCFOを務めていた。ある日、同僚が彼にアドバイスを求めてきた。地方自治体が発行する債券への投資について、価格が下がり始めたらただちに売り、上がり始めたら買う戦略をとれば、いまより儲かるのではないかというのだ。

ブレイクは賛成しなかった。

「マーケットはそんなに都合よく動いてくれないよ。『ウォール街のランダム・ウォーカー』（日本経済新聞出版社）という本を読んだことはあるかい。問題は十分なデータがないことだ。もっとデータを集めてくれれば、そのやり方では長期間にわたって利益を出すことができないとわかると思うよ」

ところが、データを集めてみると、予想に反して、ファンドの価格にはどうしてもランダムとは言えない一定のパターンがあった。しかも、調べれば調べるほど、そのパターンはいっそう決定的なものになった。利益を出せるパターンの存在を確信したブレイクは仕事を辞め、価格の調査に専念することにした。トレーダーとしての彼のキャリアの初期について、ブレイクはこう述べている。

「地元の図書館に入り浸って、マイクロフィルムから100程度のファンドの価格を長期間にわたって抽出していた」

ブレイクが見つけた確度の高いパターンがあまりにも魅力的だったので、自宅にいくつもの抵当権を設定してトレーディング資金を増やした。

ブレイクのトレーディング実績は驚くほど安定している。私が彼にインタビューしたとき、すでに12年の経験を積んでいた。その間の年平均リターンは45%である。最低でも年間24%のリターンを上げ、そのときもマイナスになった月がなかった。12年間全体を通して見ても、マイナスになった月は5回だけで、最長65カ月連続でプラスを記録した。

大成功を収めたが、ブレイクは資産運用のビジネスを立ち上げることはせず、彼一人だけの運用を続けた。自宅の寝室で仕事をし、ごく少数の友人や親戚以外からの運用の依頼は受けなかった。

❖ジョーンズとブレイクとの比較

それでは、この2人を比較してみよう。

あなたは、ジョーンズが図書館でマイクロフィルムに保存された価格情報を何カ月も調べる姿を思い浮かべられるだろうか。あるいは、ジョーンズが寝室で1日に一度しか取引しないことを想像できるだろうか。

逆に、ジョーンズが生き抜いてきた無秩序なマーケットでブレイクが取引をする姿はどうだろうか。

どちらのイメージもまったくしっくりこない。とにかく合っていないのだ。ジョーンズとブレイクはどちらも大成功した。それは、それぞれが自分の個性にピッタリ合う方法を選んだからだ。自分本来の個性と合わない手法を選んだとしたら、結果はまったく異なったものになっていただろう。

私のやり方をあなたに教えても、うまくいかないだろう。あなたは私ではないからだ。私にまとわりついて、やることを観察していれば、なにか役立つやり方を見つけるかもしれない。しかし、自分は違う方法でやりたいと思うこともたくさんあるはずだ。

コルム・オシア

トレーダーは自分の信念や才能にフィットした方法を選ばなくてはならないというのが、根本的なポイントである。あるトレーダーにとってよい方法が、別のトレーダーにとってはまったく合わず、必ず負けることになる方法であることもある。コルム・オシアも私がインタビューした世界的な権威だが、トレーディングの技術を教えることは可能かという質問に明快に答えている。

「私のやり方をあなたに教えても、うまくいかないだろう。あなたは私ではないからだ。

私にまとわりついて、やることを観察していれば、なにか役立つやり方を見つけるかもしれない。しかし、自分は違う方法でやりたいと思うこともたくさんあるはずだ。私の友人で、数年間、隣の席で仕事をしていた人が、いまはほかのヘッジファンドで大きな資金をうまく運用している。しかし、彼は私とは違う。彼は私になろうとしたのではない。彼は彼自身になろうと努力したのだ」

❖なぜトレーディングシステムがうまくいかないのか

個性に合った方法を使うことがトレーディングで成功するために不可欠だと考えれば、せっかく買ったトレーディングシステムを使っても、ほとんどの人がお金を失ってしまう理由が理解できるだろう。システムが実践データでは役に立たないというのではない。一般に販売されているシステムで優れたものがどれくらいあるのか、私にはわからない。もし販売されているシステムの半分が、うまく使えば利益が出るようにつくられているとしても、買った人の９割以上は、そのシステムを使ったトレーディングで損をすると思う。

どんな戦略を使っても、トレーディングシステムがうまく機能しない時期はあるものだ。当然だが、販売されているシステムはあなたの個性や信念とはまったく無関係につくられている。ほとんどの場合、あなたにはシステムがシグナルを出す仕組みがまったく理解できないだろう。

システムがうまく機能しない時期に初めて遭遇すると、システムをあてにしてよいか自信を持てなくなり、結局、システムを使った取引をやめてしまう。システムを買った人がたどる失敗への道はこういうものだ。うまくいかない時期に使うのをやめてしまったシステムは、うまく機能する時期が来ても、もう使われることはない。

4

The Need for an Edge

投資では優位性が必要

❖資金を上手に管理するだけでは不十分

ウォールストリートにこんな言葉があるのを聞いたことがあるだろうか。

「トレーディングシステムがひどくても、資金管理（マネー・マネジメント）がうまければ儲けられる」

聞き覚えのある人はこれを忘れることだ。これこそトレーディングについて語った最も間抜けな言葉だからだ。資金管理がうまければ、ひどいシステムも救えると本気で考えているのなら、カジノに行って、自分の最高の資金管理法を駆使してルーレットをやってみるといい。

「ここに1000ドルあります。ルーレットに賭けるとして、最良の戦略を教えてください」と1000人の数学者に尋ねたら、全員が同じ答えを返すはずだ。1000ドルすべてを赤か黒（あるいは奇数か偶数）に賭けて、一度だけ勝負する。勝っても負けても、それで終わり。ルーレットで勝つ確率が最も高い戦略はこれである[1]。

それでも、勝つ確率は半分以下で、ダブルゼロがある場合、正確には47・37％だ。しかし、この部分は一度だけの勝負では影響が小さい。回数が増えるほど負ける確率は上がる。そして、十分長くやっていると、数学的には必ず負ける。

ポイントは、自分に優位性がない場合、それはつまり不利になっている可能性があり、そのときの最良の方法はすべてを一度だけ賭けることなのである。そして、それは悪い資金管理の典型と言われるものだ。自分に優位性がない場合には、資金管理は救いにならない。損失を軽減し、資産を確保できるのは、自分が有利なときだけなのだ。

資金管理だけでは不十分で、優位性が必要だ。優位性があるのは、あなたが確固とした方法を持っているときである。

資金管理だけでは不十分だ。優位性が必要だ。優位性があるのは、あなたが確固とした方法を持っているときである。『マーケットの魔術師』シリーズのためにインタビューしたトレーダーの中に、やり方を聞かれて「スクリーンを見ていて、債券がいいなと思ったら、少し買う」などと答える人は1人もいなかった。このように衝動的に行動する人は皆無だったのだ。

それぞれがなんらかの手法を持っていた。自分の手法を事細かに説明する人もいれば、漠然とした言い方をする人もいる。しかし、誰もがなんらかの明確な方法論を持っていた。

あなたの方法とは何だろうか。この質問に答えられないようなら、マーケットでお金をリスクにさらす準備はまだできていないことになる。

この質問に答えられたなら、次は「あなたの方法に優位性はあるか」という質問だ。あなたが自信を持って答えられないのなら、まだ準備はできていない。成功したトレーダーは、自分の方法に優位性があると自信を持っている。

❖優位性だけでは不十分

優位性がなければ資金管理だけでは不十分であるのと同様に、資金管理がなければ優位性だけでは不十分だ。両方が必要である。

モンロー・トラウトは長期にわたってトップレベルのリターンを達成したトレーダーだ。彼がこの考え方をうまくまとめてくれている。私がトラウトにトレーディングのルールについて質問すると、彼はこう答えた。

「まず優位性があることを確認することだ。自分の優位性の中身をしっかり把握する。

そしてリスク管理をきちんとやる。利益を上げるためには、優位性を持ち、資金管理をうまくやることだ。うまく資金管理をするだけでは優位性は高まらない。資金管理をどれだけうまくやっても、システムがよくなければお金はなくなる。儲かる手法を持っているなら、資金管理の巧拙が成否を分けることになる」

資金管理については、項目8でさらに検討する。

5
The Importance of Hard Work

ハードワークでなければ投資で成功しない

❖優れたトレーダーは働くことを厭わない

私がマーティ・シュワルツにインタビューしたのは、長いトレーディングを終えたあとの夕方だった。彼は翌日の準備のために、その日のマーケットを分析していた。インタビューは長時間に及び、終わったときには、シュワルツがひどく疲れているのが見てとれた。しかし、彼の1日はまだ終わりではなかった。毎日行っているマーケット分析がまだ仕上がっていなかったのだ。「常に競争相手よりも十分に準備しておくのが私のスタンスだ。私はその準備を夜やることにしている」と説明してくれた。

常に競争相手よりも十分に準備しておくのが私のスタンスだ。私はその準備を夜やることにしている。

マーティ・シュワルツ

私がインタビューした優れたトレーダーの大部分がワーカホリックであることは、たいへん興味深い。この点についての事例はたくさんあるが、その中から2人だけ選び出して、大成功したトレーダーの典型的な仕事ぶりを紹介しよう。

❖投資以外でも働き続けるデビッド・ショー

デビッド・ショーが創設したD・E・ショーは、世界的に有名なクオンツ・トレーディング会社だ。彼は全米から最高の数学者、物理学者、コンピュータサイエンスの専門家を集めて、さまざまな証券の価格差を見つけ出し、安定した利益を生み出すコンピュータモデルを開発した。

トレーディングシステムは極めて複雑で、世界中の主要マーケットの株式、ワラント、オプション、転換社債など何千もの証券を扱う。このような巨大なトレーディングシステムを指揮し、優秀な多数のクオンツのチームを1人で管理するのはたいへんな仕事だと思うだろう。しかし、それだけではデビッド・ショーにはまだ足りなかった。

長い間に、ショーの会社は多くの事業を育成し、子会社として分離させていた。その中には、ジュノ・オンライン・サービス（のちにユナイテッド・オンラインに買収された）や、メリルリンチが買収したファイナンシャルテクノロジーの会社、マーケットメイクを行う会社などがある。さらにショーはコンピュータを駆使したバイオ事業にも深く関与していて、最新の研究開発の流れをフォローしつつ、この分野で数社にベンチャー投資をした（ショーはD・E・ショーの経営を専門のチームに徐々に委譲し、彼自身はバイオ事業の分野に全力投球できるようにした）。

これらの事業のほかに、ショーはビル・クリントン大統領の科学技術に関するアドバイザー委員会のメンバーになり、教育工学委員会の議長にも就任した。

1人の人間がこれらすべてをどうやってこなせるのか、理解に苦しむところだ。私が彼に休暇を取ろうと思ったことはあるのかと質問したところ、「あまりないね。休暇を取ったときは、頭を正常に保つために、毎日何時間か働く時間をつくる必要がある」と答えた。

❖1日20時間トレードするジョン・ベンダー

ジョン・ベンダーは頭の切れるオプショントレーダーだ。クォンタム・ファンドでジョージ・ソロスのために働き、同時に自分自身のファンドも運用していた。

1999年に私は彼にインタビューした。当時、彼のファンドは最大でも6％までの損失しか出さず、複利ベースで年平均33％のリターンを生み出していた。インタビューした翌年（この年でファンドは終了した）には、なんと269％のリターンを記録した。株式市場の主要銘柄の好調を予想して彼が行ったオプション取引がとんでもない利益を生んだのだ。

2000年にファンドを終了したのは、脳の動脈瘤という持病のためだった。ベンダーはその後10年間、コスタリカに広大な熱帯雨林を購入して野生動物の保護区をつくった。残念ながら、彼は双極性障害に苦しみ、抑うつ期にあった2010年に自殺した(1)。

トレーディングをしていた頃、ベンダーは日本のオプション市場で大活躍し、その後、ヨーロッパのオプション市場に参入した。ヨーロッパのマーケットの時間からアメリカのトレーディング時間まで取引を続け、1日に20時間働き続けることも珍しくなかった。

このようなやり方をすすめるつもりはないが、マーケットの魔術師の中にはこんな極端な例もあることをみなさんにお示ししたい。

❖投資に潜むパラドックス

さて、トレーディングに関しては皮肉な状況がある。トレーディングに強い関心を持つ人はたいへん多い。理由は、簡単に大儲けできそうだからだ。しかし、よく見てみると、トレーディングで成功した人々はとんでもない働き者ばかりだ。

人々の考えと現実が大きく乖離する状況は、トレーディングにつきものである。それは次のようなパラドックスを生み出す。まともな人なら、本屋に行って脳外科手術の本を買い、週末にその本を読んで、月曜日には病院で脳外科手術をすることができるなどとは考えないだろう。普通の人なら、そんなことは考えない。

ところが、本屋で「私はどうやって去年1年間に株式市場で100万ドル儲けたか」などという本を買って、週末にそれを読み、月曜日には自分のやり方でマーケットのプロに勝てると考えることをおかしいと思わない人が実に多いのだ。

この2つのたとえ話はほとんど同じことを語っているのだが、脳外科手術の話はまともではないと思いながら、株式市場の話は別に変だと思わない人がたくさんいる。どうして、こんなことになるのだろうか。

実際には、トレーディングで成功している人はとんでもない働き者ばかりだ。

この矛盾については説明が可能だと思う。トレーディングは、何も知らない素人でも、最初は勝つチャンスが半分くらいある、おそらく唯一の職業である。なぜなら、トレーディングにおいてすることとは、買うか売るかの2つしかないからだ。確率から考えて、かなりの割合の人々が50%以上当たる可能性がある。少なくとも最初だけは。

同様の例として、1000人が10回ずつコイントスをすると、30%近くの人は60%以上、表を出す。コイントスの実験において、表を出した人の60%以上の人は表が出たのは運がよかっただけで、自分にうまくトスする技があるとは考えない。ところが、トレーディングにおいては、50％以上当たった素人トレーダーは、成功したのは単なる運のよさではなく、自分の判断能力が優れているからだと考えてしまう。短期的には運だけで成功が可能だということが、人々に「トレーディングは簡単だ、自分には腕がある」と勘違いさせるのである。

このような誤解はほかの職業ではありえない。外科医としての訓練を受けずに外科手術を成功させることは不可能だ。バイオリンを弾いたことがない人がニューヨーク・フィルハーモニックの舞台に立ち、ソロ演奏を成功させることはありえない。短期間でも未経験の初心者が成功する確率は、ほかの職業ではゼロだ。

トレーディングにおいてのみ、何も知らなくても短期的には成功することがありえる。それが人々を惑わすのだ。

6

Good Trading Should Be Effortless

楽にできるのがよいトレーディング

❖頑張るのは準備・調査の段階

この見出しを見たとき、「さっきはハードワークなしにトレーディングで成功することはないと書いたばかりではないか。今度は、楽にできるのがよいトレーディングとはどういうことだ。はっきりしてくれ」と思われただろう。

トレーディングでは、準備にハードワークが必要だ。しかし、実際のトレーディングのプロセスは楽にできるはずである。

これは何も矛盾などしていない。準備と実際の取引の二段階があるのだ。トレーディングでは、準備にハードワークが必要だ。しかし、実際の取引のプロセスは楽にできるはずである。

ランニングにたとえてみよう。リビングのソファーから冷蔵庫まで歩くのが唯一の運動だという、普段まったく運動していない人が、突然、1マイル（約1・6キロメートル）を10分で走ろうとするところを思い浮かべてほしい。一方、世界的なランナーがマラソンで1マイルを5分以下のスピードで走り抜けていく姿はどうだろう。どちらの走り方がハードワークだろうか。どちらのほうがうまくできるだろうか。

普段運動していない人のほうがハードなことをしているが、仕事をやり遂げるのは世界的なランナーのほうだというのは明らかである。しかし、世界的なランナーは、1日に一度だけソファーから軽く走りに出るだけで、その域に到達したわけではない。そのランナーはそれまで何年もハードなトレーニングを続けてきた。準備の段階でハードワークを積み重ねたのだ。しかし、実際に走るときになると、それ自体に大きな努力は必要ない。楽に走っているときがベストのレースだ。

この例はほかのさまざまな活動にも当てはまるだろう。作家もミュージシャンも、楽にできているときが最高のできだという。

トレーディングでもそうだ。うまくいっているときは苦労がない。うまくいかないときには、頑張っても修復できない。とくにひどいときは、何をやってもうまくいかず、いくら努力しても意味がないどころか、事態をより悪化させることになる。しかし、調査では頑張ることに意味がある。何が間違っていたのかを必死に解明するのはよいことだ。

トレーディングでのハードワークは、それとは違う。マーケットと波長が合っていないときに頑張ると、事態は一層悪化する。負けているときの解決策はハードワークではない。それが何かは次の項目で考えよう。

❖禅とトレーディングの関係

よいトレーディングは楽にできるということを強く感じたインタビューがあった。ただし、そのインタビューを本に書くことはできなかった。

私がどうやってインタビューの同意を取りつけているのか気になる人もいるだろう。私がやっているのは、私の文章を印刷する前に本人にチェックしてもらうことを、インタビュー候補者に約束することだ。本人の同意を得ずに使用しないことも約束する。こうすることで、トレーダーに会いやすくなるし、私の質問によりオープンな反応を示してくれるようになる。

このように発言内容を確認できないと、自分の発言が活字になって消せなくなる前、つまりインタビューの最中に、彼らは自分の発言を1つずつチェックしてしまうだろう。

本人の同意を得ずにインタビューを印刷しないという約束はとても役に立つものの、

逆効果になることもある。何週間もかけて200ページもの原稿を磨き上げて25ページの文章に仕上げたところで、本人の使用許可を得られずにボツになることもありえるからだ。幸い、これまでにそんなケースは2回しかなかった。

そのうちの一度は、『新マーケットの魔術師』のために多岐にわたるインタビューを行っていたときのことだ。インタビューの内容はかなり変わっていて、「夢とトレーディング」「禅とトレーディング」などもあった。すべて書き上げ、出来栄えに満足した私は、約束どおり完成した文章をそのトレーダーに送ってチェックを依頼した。1週間後、彼から電話があった。

「読みました。とても面白いです」

私は、「でも」と続く予感がした。彼は続けた。

「でも、これは使わないでください」

彼は為替ヘッジのアドバイザリー事業を立ち上げることを決め、事業のマーケティングを担当するマネジャーを雇ったところだった。そのマネジャーはこの文章を読み、「夢とトレーディング」「禅とトレーディング」というテーマは、新事業によいイメージをもたらさないと判断した。「これはダメだよ」とマネジャーは言い、「仕方がないね」とトレーダーも納得した。

すべてが無駄になりそうな状況で、私は聞いた。「とても重要なメッセージを含んだ部分があります。そこはなんとか生かしたいと思うのですが、あなたの名前がわからないようにして、その部分だけを使わせてもらえませんか」

彼はそれには同意してくれて、その結果、『新マーケットの魔術師』の中に、「禅とトレーディング」（日本語訳版では「匿名トレーダー 『トレードしているのではなく、トレードさせられ』て稼ぎ続ける『直感トレーダー』」）という数ページの項目が生まれた。その中で、トレーダーは私に『弓と禅』（福村出版）という本を読んだことはあるかと聞いた。「残念ですが、読んだことがないです」と私は答えた。

大切なのは、矢が自分で飛んでいくようにすることを学ぶことです。弓の技術と同じで、トレーディングでも、努力すること、無理やり仕向けること、強い力をかけ

ること、困難な中を苦労して進むこと、そういうことはすべて間違っているのです。完璧なトレーディングとは、何も努力を必要としないものなのです。

匿名トレーダー

私の言い訳を気にすることもなく、彼は熱っぽく続けた。

「大切なのは、矢が自分で飛んでいくようにすることを学ぶことです。弓の技術と同じで、トレーディングでも、努力すること、無理やり仕向けること、強い力をかけること、困難な中を苦労して進むこと、そういうことはすべて間違っているのです。完璧なトレーディングとは、何も努力を必要としないものなのです」

あなたがトレーダーなら、この言葉の隅々まで真実だと納得するだろう。

7

The Worst of Times, the Best of Times

最悪のときと最高のときに、どう対処すべきか

❖すべてがうまくいかないときの対応

トレーディングがうまくいくときは楽にできる。それでは、トレーディングで苦労する時期が長く続いたら、どうすればよいか。何をやってもうまくいかず、どんどん深みにはまっているときに、どう乗り切ればよいだろうか。

この問題はインタビューの中で何度も登場した。優れたトレーダーも、負けて自信を

なくすことはありうる。負けて厳しい状況にどう対応するかは、どのマーケットの魔術師でもアドバイスは同じだ。次の2つの点をすすめてくれる。

1　取引サイズを小さくする

ポール・チューダー・ジョーンズはこう言った。

「成績がよくないときは、ポジションを小さくし続ける。そうすれば、最悪の状態での取引は最小にできる」

エド・スィコータは、先物のシステマチック取引で驚くべき実績を上げた先駆者だ。ジェシー・リバモアの二の舞にならないように数百万ドルを貯えているかと彼に尋ねたことがある（ジェシー・リバモアは20世紀初めの有名な投機家で、大儲けと大損を繰り返した）。スィコータは、貯えるよりも「株式市場が不調な時期にはリスクを下げ続けるべきだ。そうすれば、次第に安全なものに近づいていける。金銭的にも精神的にも穏やかに着地できる」と答えた。

マーティ・シュワルツは、自信を揺るがすほどの損失に遭遇すると、取引サイズを通常の5分の1から10分の1に縮小した。

「ひどい損失を経験したときは、取引をすごく小さくして、小さい利益を積み上げることにしている。そうやれば、うまくいく」

シュワルツは、1982年11月4日に自分の口座で60万ドルという大きな損失を出したあと、取引サイズを極端に小さくして、少額の利益を積み重ねることで、その月の最終収支を5万7000ドルの損失に抑えたときのことをよく憶えている。

ランディ・マッケイにインタビューしたとき、彼は当初の2000ドルを数千万ドルに増やしていた。マッケイは不調の波に呑み込まれると、極端な取引縮小を行うと言った。

「負け続けている間は、取引額を小さくし続ける。ひどいときには3000本の契約からわずか10本の契約にまで縮小したこともある。好調になれば、また戻すだけだ」

彼はいまでもトレーディングを成功させるためにポジションのサイズを大きく変動させている。

2　取引を止める

取引のサイズを小さくするだけでは足りないときもある。下降スパイラルを止める最良の方法は、取引をやめることだ。マイケル・マーカスもこう言っている。

「負けが負けを呼び込む。負け始めると、心理的にマイナスの要因に火をつけ、悲観的になってしまう。負けが続くときは、『もうこれ以上取引をするな』と自分に言い聞かせるのがいい」

リチャード・デニスがわずか４００ドルを2億ドル近くの規模に増やした頃、私は彼にインタビューした。デニスの考え方も、マーカスととてもよく似ていた。ある一定レベル以上の損失はトレーダーの判断に悪影響を与えると言う。彼のアドバイスはシンプルだ。

「死にそうなほど負けたときは、とにかく抜け出ることだ」

負けが続いたときの最良の解決法は、さらに頑張ることではなく、それとは正反対に取引をやめることだ。ポジションをすべて解消するか取引をやめてしまい、休憩したり休暇を取ってしまうのだ。物理的に離れてしまえば、マイナスのスパイラルを止められ、負けている間に膨らむ自信喪失も抑えることができる。そして復帰したら、ゆっくりと小さな金額から取引を再開し、楽にトレーディングができるようになったら、金額を増やしていくのである。

負けが続いたときの最良の解決法は、さらに頑張ることではなく、それとは正反対に取引をやめることだ。

負けの波に入ったことがわかっても、損失が許容限度をはるかに超えるまで、トレーダーは問題の大きさに気づかないことがある。方針を変えずにいるうちに、損失が積み上がり、あるとき突然、損失の大きさに驚いてしまう。負けの連続に早く気づき、損失の増大を抑えるための修正を適切に行うには、自分の純益を毎日計算するとよい。マーカスはこの方法をすすめる。

「純益が減少する傾向が見えたら、それは、いったん立ち止まり、方針を見直すサインだ」

❖すべてがうまくいっているときも取引を縮小する

負けの連続と正反対に、すべてが信じられないほどうまくいくときもある。おかしな言い方だが、このときも取引の縮小を考えてみるべきだ。

格別に大きな利益を上げ続けているとき、マーティ・シュワルツは、ひどく悪いときと同じように取引サイズを小さくする。「経験的に、大きな損失はいつも大きな儲けのあとにくる」

同様の経験をしたトレーダーは多いと思う。すべてが完璧だと思えたそのあとに、最悪の事態が訪れることが多い。なぜそんな傾向が生まれるのだろうか。1つ考えられるのは、勝ちが続くと、自己満足に陥り、不用意な取引をしてしまうことだ。

大好調の波の中では、トレーダーはうまくいかないケース、とくに最悪のシナリオの検討を忘れてしまう傾向がある。また、素晴らしい成績を上げているときは、取引を最も拡大していることが多いとも考えられる。

ここで役に立つ教訓は、「資産残高がほぼ毎日記録を更新していて、資金のすべてを投入しているときは、気をつけろ！　いまこそ自己満足にならないよう警戒するとき」である。

8
Risk Management

投資のリスクマネジメント

❖銘柄選択よりも資金管理が大事

一般のトレーダーへの最も大切なアドバイスは何かという私の質問に、ポール・チューダー・ジョーンズは、「儲けようとするな。持っているものを守ることに集中しろ」と答えた。

トレーディングの初心者の多くは、どの銘柄を取引すべきか、その秘訣を見つけることが成功の鍵だと思い込んでいる。ところが、私がインタビューしたトレーダーたちのほとんどは、取引の選択方法よりも、資金管理、つまり投資のリスクマネジメントのほうが重要だと言う。

たいしたことのない方法、つまり無作為よりは少しマシな程度の取引選択でも、うまく資金管理を行えば、まずまずの成績が可能になる。ところが、とても優れた選択手法を駆使しても、資金管理に失敗すると、結局は破産への道をたどる。資金管理が重要であるにもかかわらず、新たにトレーディングを始める人々は資金管理にほとんど関心を示さないのが悲しい現実だ。

儲けようとするな。持っているものを守ることに集中しろ。

ポール・チューダー・ジョーンズ

❖アンクル・ポイントとコフナーの教え

マーケットの魔術師たちのリスクコントロールのやり方は勉強になる。リスクコントロールの効果を簡潔に説明してくれるのは、マーティ・シュワルツだ。彼のアドバイスは、これだけである。

「アンクル・ポイントを知っておけ」

いまでもこういう表現をするかどうかは知らないが、シュワルツや私が子供の頃、「アンクル（参った）」というのは、降参したから痛いことをするのをやめてくれという意味だった。2人の子供が喧嘩していて、一方が相手を羽交い締めにしたとき、相手に向かって「アンクルと言えよ」と伝える。降参したと言えということだ。つまり、ポジションを取るとき、自分にとって痛みが大きくなり過ぎて耐えられなくなるポイントをあらかじめ知っておけと、シュワルツは教えているのだ。

カクストン・アソシエーツを設立したブルース・コフナーは、グローバルなマクロトレーダーの最高峰に位置する。私がインタビューした頃、コフナーはすでに10年間トレーディングを続けていて、その間の複利ベースの年平均リターンは87％という驚異的な実績を残していた。これほどの成績を維持することは不可能に近いが、彼は引退する2011年まで素晴らしい成績を続けた。

最初の頃は、リスクを十分に扱い切れず、積み上げた利益の半分を1日で失うこともあったが、そのおかげでコフナーは生涯、リスクコントロールを重視することを忘れなかった（この話は項目17で説明する）。

コフナーの資金管理の方針の1つに、取引を始める前に自分の見立てではありえない市場動向を想定し、その場合に引き揚げるポイントを先に決めておくことがある。「これをしておかないと眠れないよ。入る前に、どこで出るかを決めておくのだ」と言う。

入る前に出口を決めておくことがなぜ大切なのか。完全に客観的にものを考えられるのは、取引に入る前だけだからだ。いったん取引に入ってしまうと、自分を客観的に見ることができなくなり、負けているときは決断をためらうことになりやすい。取引に入る前に損失の限度を設定して出口を決めておくことで、コフナーは厳しくリスクをコントロールし、資金管理に感情を入り込ませない。

入る前に、どこで出るかを決めておくのだ。

ブルース・コフナー

私自身の経験でも、負けてばかりの私が勝てるトレーダーになれたのは、まさにコフナーのルールが当てはまる。皮肉だが、私が最高の取引と考えているのは、負けた取引である。当時、私は少額の取引を行っては、負けてすべてを失い、しばらくしてまたトライすることを繰り返していた。

私を変えた記念すべき取引は、ユーロ創設前に主要な通貨だったドイツマルクの取引だった。ドイツマルクは長期間の下落のあと、しばらく一定のレンジの中で安定していた。分析の結果、ドイツマルクは底を打ったと考えた。レンジから上に抜けると考えて、資金枠いっぱいにロング（買い持ち）のポジションを張った。私は同時に、底の少し下のレートでキャンセル可能なストップ注文を設定しておいた。私の見立てが正しければ、底より下がることはないと考えていた。

数日後、マルクは下がり始め、私は小さな損失だけで手仕舞うことができた。私は運がよく、私が抜けたあと、下落はさらに加速した。それまでの私なら、こういう取引ですべての資金を失っていたが、そのときは小さな損失だけで済んだのである。

ごく短い言葉でトレーディングの重要なアドバイスを尋ねられたら、私は迷わずにコフナーの教えを使うだろう。「入る前に出口を決めろ」

❖細かくストップ注文をしていては儲けられない

防衛的なストップ注文、すなわち、あらかじめ決めておいた水準で損切りすることは、シュワルツやコフナーが使っているように、リスクマネジメントの有力なツールである。しかし、間違った使い方をして、事態をさらに悪化させているトレーダーが多い。

コルム・オシアは、ロンドンを拠点として大きな実績を上げているヘッジファンドのマネジャーだが、彼はシティグループやバリャスニー・アセットマネジメント、ジョージ・ソロスのところで働いたあと、自分のファンド、コマック・キャピタルを立ち上げた。

オシアはまずいストップ注文をしたために、最初の取引で失敗した状況を振り返ってくれた。

シティコープの新人トレーダーだったオシアは、イギリス経済のファンダメンタル分析を行い、先物金利市場で利率が上がっているが、実際にはそうならないと結論づけた。彼の予想は的中した。3カ月後に金利はまったく上がっていなかったが、先物レートは100ポイントも上がっていた。オシアの考えは完璧だったものの、実際には彼はお金を失った。

正しく予想していたのに、どうしてお金をなくしたのだろうか。彼は長期的なスパンで金利を考えていたのに、取引は短期的なリスク管理をベースに行っていた。彼はお金を失うことを恐れるあまり、ごくわずかな逆向きの動きでストップ注文を頻繁に発動させてしまったのだ。

この最初の失敗は、取引を活かすためには、ある程度十分なリスクを取らなくてはならないということを教えてくれた。オシアはストップ注文の設定のやり方を説明してから、多くのトレーダーが実際に推奨しているやり方と対比してくれた。

「まず、どこまでいけば自分は失敗したと考えるかを明確にする必要がある。それがストップ注文をするレベルだ。次に、その場合に、受け容れ可能な損失総額を算出する。最後に、1つの取引でストップ注文のレベルまで受け容れられる損失額を算出すれば、取引の規模が決まってくる。私がよく目にするのは、多くの人が間違えて逆の順序で考えていることだ。ポジションのサイズをまず決め、損失のレベルを決め、最後にストップ注文のレベルを決めている」

ストップ注文するポイントが近過ぎると、損失が何倍にも膨れ上がる。そんなトレーダーについて、「ストップ注文が発動して取引が終わり、そこで彼らは引き下がる。しかし、すぐにまた取引に戻ってくる。自分が間違ったと思っていないからだ。2000年から2001年にかけてNASDAQでデイトレーダーたちが大量の損失を被ったのはそれが理由だ。彼らは自分のルールを守り、1日の終わりには取引を完了させる。そして、その間違いを毎日繰り返しているのだ」とオシアは指摘した。

オシアの言葉の本質は、あなたの取引の前提が間違っていたと気づかせるレベルに、ストップ注文を設定すべきだということだ。自分の痛みのレベルで設定するのではない。マーケットはあなたの痛みのレベルなど気にしていない。

❖オプションを使ったリスク管理法(1)

ストップ注文はリスクマネジメントの貴重なツールだが、発動すると、当初のポジションが帳消しになり、利益を得るはずの取引で損失を確定させてしまうという難点がある。あらかじめ決められた固定費用でこの不愉快なシナリオを回避するもう1つのリスクマネジメントツールがオプションだ。

例えば、24ドルで取引されているXYZ社の株式を買いたいトレーダーが2ドルの損失までは覚悟しているケースでは、株式を買い、防衛のために22ドルでストップ注文を入れるのが素直な方法だ（ただし、ストップ注文が22ドルより低い価格で成立した場合の損失は2ドルよりも大きくなる）。もし、株価が21・8ドルに下がったあとで30ドルに回復したら、その株式が上がると正しく見通していたにもかからず、そのトレーダーは約2ドル損をしたという結果に終わる。

別の方法として、トレーダーはXYZ社の株式について、行使価格22ドルの1年間のコールオプション（買うことができる権利）を買うこともできる。オプションの価格は3ドル（現在の取引価格と行使価格の差より1ドル高い）とする。株価が22ドルよりも下がり、オプションの期限においてもまだ22ドルより低かったら、トレーダーはオプションの価格を負担するだけなので、株価がどれだけ低くなっても損失は3ドルである。

もし、株価がいったん22ドル以下に下がってから、オプションの期限には30ドルに上がっていたら、トレーダーは1株当たり5ドルの利益を上げることになる（時価30ドルとオプション行使価格22ドルの差額から、オプションのコスト3ドルを引く）。

このケースで、ストップ注文をしたトレーダーは1株につき2ドルを失ったが、オプションを購入したトレーダーは5ドルの利益を得た。もちろん、ストップ注文が発動されなければ、ストップ注文をしたトレーダーの方が1ドル有利になるが、イン・ザ・マネー（コールオプションでは行使価格が市場価格を下回る）のオプションには、単純な買い持ちよりも必要な資金が少なくて済む利点もある。

さあ、ポジションリスクをコントロールするには、ストップ注文とイン・ザ・マネーのオプションとどちらを選ぶだろうか。答えは1人ひとりの好みやオプションの入手が容易かどうか、あるいは取引時点でのオプションの価格などによって異なる。

この話を紹介したのは、状況やトレーダーによっては、イン・ザ・マネーのオプションがストップ注文よりも役立つリスクマネジメントツールになりうること、したがって、ストップ注文に代わる防衛手段として検討してみてはどうかと思ったからだ。

❖ポートフォリオにおけるリスクマネジメント

マイケル・プラットが率いるヘッジファンド運営会社ブルークレストの旗艦ファンドは、損失をとても小さくするように設計されていて、13年間を通して手数料差引後で年

12%を超えるリターン(2)を生み出している。そのうえ、全期間を通して天井から底までの減少が5%以内という安定性を見せている。減少幅をそれほど低く抑えながら、どうやって2桁のリターンを生み出したのだろうか。

その最大の要因はポートフォリオのリスクマネジメントである。資金が引き出されるとき、個々のファンドマネジャーには許される損失額が厳しく決められている。結果は毎年清算され、1月から新たな評価が始まる。各マネジャーは、3%までの損失だけを許されていて、それを超えると、運用資金を半分にカットされる。残された資金でさらに3%損失を出すと、その年は運用資金を与えられない。こうして、マネジャーたちは最大でも年間5%以上の損失を出せない厳しいリスク管理が行われているのだ。

これほど厳しく最大損失を抑えられると、リターンが上がらないと考えるのが普通だ。マネジャーたちはどうやって許された損失の2倍半ものリターンをすべての期間にわたって達成できたのだろうか。

最大損失3%を二段階適用するルールは、年初に配分された資金に対して適用されることがポイントだ。したがって、ルールによって最初は慎重な行動が必要であるが、利益を積み上げていけば、より大きなリスクを取ることができるようになる。次の資金減額の評価時点までの間、実際上、マネジャーは３％にその年積み上げた利益を加えた資金を運用できる。こうして、資金を保全すると同時に、利益に基づいてより大きなリスクを取ることで、さらに大きな上昇の可能性を確保する仕組みになっている。

ブルークレストのリスクマネジメント手法は毎年の損失に上限を設けつつ、上昇のポテンシャルも持つモデルと考えるトレーダーもいる。

❖間違えたら、すぐに退出する

マーケットの魔術師はみんな間違えたら素早く抜け出す。ＳＡＣキャピタルを創設した世界的に最も成功したトレーダー[3]、スティーブ・コーエンはインタビューの中で彼が完璧に間違えた取引について話してくれた。

「ある株式をぼくは１６９ドルで空売りした。利益が発表されて驚いた。たいへんな高業績だった。マーケットが閉じたあと、ぼくは自分のポジションを少し高めの１８７ドルで買い戻すことにした。しかし、この取引は成立しなかった。翌日のマーケットは197ドルで始まったからだ。素早く行動して、被害を小さくすることができたのは幸いだった」

私はコーエンに、間違えたときはいつも急な方向転換ができるのかと聞いた。

「それはできたほうがいいね。このゲームは常に勝てるものではない。ぼくの会社のトレーダーの成績を調べると、最高のトレーダーでも勝率は63%だ。大部分のトレーダーの勝率は50~55%にすぎない。つまり、間違えることはよくあるということだ。そうであれば、負けるときは損失をできるだけ小さくし、勝つときの利益を大きくすることを考えないとね」

❖トレーダーのジレンマにどう対処すべきか

ほとんどのトレーダーは、次のようなジレンマに遭遇する。

自分のポジションが期待に反する動きをしているが、その取引はうまくいくという確信がある。損失がさらに膨らむことは望まないが、一方で、取引を終わらせると、その直後に市場の流れは当初自分が考えていた方向に転換するのではないかという気もする。この状態になると、トレーダーは判断ができなくなり、損失が膨らんでいても何もできなくなる。

コーエンはこの状況に役立つ処方箋も示してくれる。

「マーケットがあなたの期待に反する動きをしているのに、その理由が理解できないときには、取引を半分にする。ポジションはいつでも元に戻せる。それを二度やる状況になると、当初のポジションの4分の3を手仕舞ったことになり、残りは気にならない規模になっている」

損失の一部を受け容れることは、ポジションを閉じてしまうことよりは容易で、決断を先延ばしせず、次の行動を促してくれる。ところが、多くのトレーダーは部分的に損切りすることを嫌がる。それをやれば、自分が間違えたことがはっきりするからだ。

もしマーケットが逆方向に戻れば、取引を解消すべきではなかったことになるし、一方、損失が増え続ければ、すべての取引を解消すべきだったことになる。どちらにしても、あなたはある程度は間違えたことになる。
１００％正しくなくてはいけないという思いにじゃまされて、多くのトレーダーは部分的に損切りすることをやろうとしない。残念だが、１００％正しくなくてはいけないという思いは、１００％間違えるという結果につながることが多い。
今度あなたが負けているポジションを解消するか、我慢してそのまま乗り切るか決断がつかないときには、第三の道があることを思い出してほしい。それは部分的に損切りすることだ。コーエンが言うとおり、この方法は1つの取引で何度でも使える。

迷ったら、さっさと切り上げて、ぐっすり寝ることだ。ぼくは何度もそうしてきた。次の日にはすべてがすっきりする。問題の真っ只中にいると、まともに考えられない。そこから離れると、またクリアに考えることができる。

マイケル・マーカス

いまあるポジションをどうすればいいかわからなくなったら、そこから離れるのが一番よいと、マイケル・マーカスは言う。

「迷ったら、さっさと切り上げて、ぐっすり寝ることだ。ぼくは何度もそうしてきた。次の日にはすべてがすっきりする。問題の真っ只中にいると、まともに考えられない。そこから離れると、またクリアに考えることができる」

その場から離れたときに物事が最もクリアに見えるというマーカスの言葉は、取引を始める前に出口を決めておくというブルース・コフナーの言葉に通じるものがある。

❖大きな損失をすると、勝てるチャンスを逃す

損失を必要以上に大きく膨らませれば、結果が悪くなることは明らかだ。しかし、大きな損失は、それほど明確ではないもう1つの結果ももたらす。大きな損失を出すと、トレーダーに精神的な悪影響を与え、勝てるチャンスを逃すことにつながるのだ。

マイケル・プラットが大きな損失を出したあとの影響を具体的に説明している。「自分が無能に感じられ、何も取り組みたくないと思う。そうすると、まだ銃に弾を込めていない状態で、目の前を象が通り過ぎることになる。それがまた、うるさいくらい何度も起こる。大きな取引がやって来たときには、必ずその場にいたいものだ。80：20の法則というもので、トレーディングでは、利益の80％は自分が狙ったもののうち、わずか20％から得られるのだ」

❖全資産の1％以上のリスクは取らない

複雑な資金管理は必要ない。資金管理だけをテーマにした本もたくさん出ているが、実際のルールはシンプルで、そこに書いてあることの90％はたった1つの文章で表現できる。

ミント・インベストメントの創設者ラリー・ハイトは、1980年代に最も成功した商品取引アドバイザーの1人だ。彼は、自分が感じていることが、企業戦略の最も重要な根幹を成していることを明確に認識している。

「当社の最初のルールは、どの取引においても、全資産の1％以上のリスクを取るな、ということだ」

効果的な資金管理は、この一言に尽きる。ハイトが言うように、「1％までのリスクなら、個々の取引について気にしなくてよい」。このようなシンプルなルールが役に立つ。1つの取引が大きなダメージを生まないからだ。

もちろん、取引で損をすることはある。しかし、1つ、あるいは少数の取引が際限なく損失を膨らませて、ゲームから退場せざるをえなくなるような事態には至らない。マーケットからの退場は、どんなに効果的な方法を駆使するトレーダーにとってもつらい経験となる。

1％ルールに難しいことは何もない。0・5％や2％など、自分の戦略に最適の数字を選べばよい。大切なのは、個々の取引について厳格な損失の上限を設けることだ。効果的な資金管理に必要なのは、複雑さではなく、厳格な適用である。シンプルなリスクコントロールのルールでかまわない。それに厳格に従えば、立派に機能するはずだ。

9

Discipline

どんなときでも自制心を忘れてはいけない

❖面白いエピソードから自制心を学ぶ

マーケットの魔術師たちに、ほかのトレーダーと何が違うのかと尋ねたとき、最も多い答えは自制心であった。ただ、私がそう言っても、おそらく散々聞き飽きた読者には無視されるだろう。ルールを説明してもつまらないし、すぐに忘れてしまうに違いない。しかし、面白い物語なら、興味を引き、覚えていてくれるかもしれない。

ここでは、自制心が必要だと繰り返す代わりに、1つのお話を紹介しよう。あなたが今度マーケットで自制心を失いそうになったときに思い出してくれることを願いたい。私がインタビューした中で自制心について最も気に入っている話は、ランディ・マッケイのものだ。彼は、通貨の先物取引が生まれた頃にトレーディングを始めた売買一任勘定のトレーダーである。

❖忘れることができない人はトレードに向かない

マッケイのキャリアは実に不吉な始まり方をした。1968年に彼は大学を落第した。授業の出席数が足りずに不可を6個もらったためだ。この年はベトナム戦争がピークの頃で、学生の徴兵猶予がなくなった彼は海兵隊に徴集された（通常、海兵隊は新人を召集しないが、この年の2カ月だけ、少数の徴兵を実施した）。1970年にベトナムから戻ったマッケイに、シカゴ・マーカンタイル取引所（CME）でブローカーをしていた兄がメッセンジャーの仕事を見つけてくれた。マッケイは午前中働き、午後から夜にかけて大学で勉強することになった。

もともとマッケイはトレーダーになるつもりではなかった。しかし、1972年に大学を卒業したちょうどそのとき、CMEがインターナショナル・マネタリー・マーケット（IMM）という通貨を扱う部門を立ち上げた。新しい通貨先物取引を活発にしようと、CMEは既存の会員すべてにIMMの会員資格を無料で提供した。当時、マッケイの兄はその権利を必要ないと考え、弟のランディにしばらく使ってみないかと持ちかけた。

通貨先物取引が始まった最初の1年は、取引がまったく盛り上がらず、フロアにいるトレーダーたちは、チェスやチェッカーをしたり新聞を読んだりしていた。その中でマッケイは自分にトレーディングの才能があることに気づく。最初の1年は成功のうちに終わり、その後も毎年儲けを増やしていった。

成功したのは、マッケイがたいへん自制心の強いトレーダーだったからだということははっきりさせておいたほうがいいだろう。1978年11月のカーター大統領によるドル防衛策直後のマッケイの経験を見れば、それがよくわかる。

その年、米ドルはすべての主要通貨に対してずっと下げ続けていた。そして、主要通貨が米ドルに対して最も強くなった11月のある週末に、カーター政権は米ドルを支えるプランを発表した。この発表はマーケットを驚かせ、ほかの通貨が大幅に下落する引き金となった。

当時、マッケイは英ポンドの大きな買いポジションを持っていた。月曜日の朝、英ポンドはストップ安[1]で始まった。先物取引もその朝はストップ安（６００ポイント安）だったが、インターバンクでの取引が可能だった。そこではレートがすぐに下限で均衡し、取引は自由にできた。マッケイは自分の買い持ちをインターバンク市場で月曜日の朝に手仕舞ったが、レートは１８００ポイントも低く、先物取引でストップ安を三度続けたのと同じ水準だった。

「マーケットを驚かすニュースが走り、先物取引はストップ安に張りつき、キャッシュマーケットは数日分を先取りしたレートに動くという破滅的な状況でしたが、自由に先物取引ができるようになるのを待つよりも、ただちに手を引いたほうがいいと考えるものなのですか」と私は質問した。

マーケットで負けると、すぐに抜け出す。どのマーケットかは関係ない。マーケットでやられると、うまくいっているときよりも客観的な判断がはるかに難しくなるからだ。

ランディ・マッケイ

私の質問に対するマッケイの答えを聞けば、自制心についての彼の考え方がよくわかる。

「様子を見るために待つという選択をしないように、ルールを決めているんだ。マーケットで負けると、すぐに抜け出す。どのマーケットかは関係ない。マーケットでやられると、うまくいっているときよりも客観的な判断がはるかに難しくなるからだ。もしその日に1800ポイント急回復して高値で終わったとしても、ぼくは気にしなかっただろうね。マーケットが厳しいときにぼやぼや居続けていると、そのうちにやられてしまうのさ」

この取引の損失額150万ドルは、当時のマッケイにとって過去最大のものだった。当時の気持ちを聞いてみた。彼はまったく後悔していなかった。

「ポジションを持っているときは、ものすごい不安を感じる。ポジションを解消したときには、ただちに忘れる。忘れることができない人にトレーディングはできない」

❖一瞬の気の緩みでも大損を被る

マッケイが強い自制心を持つトレーダーであることは明らかだ。では、時間を10年進めて、彼の最後から2番目の取引を見てみよう。

このときマッケイは、マーケットで5000万ドルの利益をあげるという目標を目前にしていた。この取引がうまくいけば、その次の取引で目標達成は確実というところだった。しかし、思いどおりに事は運ばない。この取引では、カナダドルの大きなロングポジションを取っていた。レートは心理的な壁と思われていた80セントを突破し、さらに強くなることは間違いないとマッケイは思った。彼の予想どおりにマーケットが進んでいるのを見て、マッケイはロングのポジションを積み増し、最終的に2000本までポジションを膨らませた。

当時、マッケイはジャマイカに家を建築中で、2週間に一度くらいはジャマイカに飛んで新居をチェックしていた。ある日曜日の夕方、ジャマイカに行くために、まずマイアミ行きの飛行機に乗ろうと空港へ急いでいて、ふと相場スクリーンをチェックした。関心があるのはカナダドルだけだった。スクリーンを見た途端に、彼はショックを受けた。カナダドルがちょうど100ポイント下落していたのだ。

出発時刻は迫っていて、空港へのバスが待っていた。カナダドルは一晩で20ポイント動くことはまずない。100ポイントなんてありえない。これはなにかの間違いだとマッケイは考えた。マーケットは実はなにも変わりがなく、100ポイントというのは桁を間違えているだけだと、一応状況に納得できる説明がついたので、マッケイは空港へ急いだ。

しかし、それは間違いではなかった。そのとき、マーケットは確かに100ポイント下落し、翌朝には金曜日のIMMの終値から150ポイント下がっていた。カナダでは1カ月後に選挙を控えていた。それまで勝ち目はまったくないと思われていた極端な主張を持つ自由主義者で、独立意識の強いケベック州にも支持されていた候補が、選挙予想において有力候補にほぼ並んだのだった。当たり前の結果になると思われていた目前の選挙が、一夜にして、やってみないとわからない五分五分の勝負に変わっていたのだ。

悪いことは重なるもので、ジャマイカの家は一応住める程度に完成していたのだが、電話がなかった。まだ携帯電話がなかった頃の話だ。マッケイは近くのホテルまで車を飛ばし、公衆電話の待ち行列に並ぶしかなかった。取引所の職員と電話がつながったときには、彼のカナダドルのポジションは300万ドルの損失を出していた。

その頃にはマーケットは下がり過ぎていて、彼が解消できたのはポジションの2割だけだった。カナダドルはさらに下落していた。数日後、マッケイの損失は700万ドルに膨れあがった。損失の大きさを目にして、彼は担当者に叫んだ。

「とにかく、全部解消してくれ！」

マッケイは経験豊富なトレーダーだ。彼は、飛行機に乗り遅れるという状況で、相場表示は間違いだと、自分に都合のよい勝手な解釈をして、一瞬自制心をなくした結果、700万ドルを失った。ほんの一瞬の間、自制心をなくしただけでも、マーケットは容赦しない。あなたが今度、自制心を維持できず、自分のリスクコントロールのルールを緩めようとしたら、マッケイの話を思い出してほしい。

10

Independence

自分で決めなければ勝てない

❖成功するトレーダーは自分自身で決める

大きな成功を収めたトレーダーは独立心が強いと言っても、誰も驚かないだろう。マイケル・マーカスがその必要性を話してくれた。

「進む道は自分で決めなくてはならない。自分のスタイルを守っていれば、結果がよくても悪くても、それは自分のやり方による結果だ。他人のスタイルを採り入れようとすれば、自分とその人のやり方の悪いところが重なった結果に終わることが多い」

❖私自身の失敗談義

人のアドバイスや意見を聞くことは、トレーディングに害をもたらすと気づくことがしばしばあった。それをはっきりと示す経験をお話ししよう。話があまりにもぴったり当てはまるので、私が話に手を加えたと思うかもしれないが、すべては起こったとおりに書いていることを保証する。

『マーケットの魔術師』を出版したあと、ここで名前は明かさないが、インタビューしたトレーダーの1人が、ときどき私に電話でマーケットの話をするようになった。当時、私は、会社で先物取引の調査部長に加えて、先物市場のテクニカルアナリストの役も担っていた。このトレーダーは、私がさまざまな先物市場をテクニカル分析していることに興味を持った。彼のほうが私よりもはるかに優秀なトレーダーなのに、なぜ私に興味を持つのか戸惑った。彼が電話することで、私のマーケットの見方がぶれることを期待したのかもしれない。ほかのどの解釈よりも、それがありそうなことだった。

ある朝、このトレーダーが電話してきて、さまざまなマーケットについて話し始め、私の意見を聞いた。彼は日本円を扱っていた。私はその頃、トレーディングの成績が冴えず、自分の勘定のポジションを小さくしていた。だが、日本円に関してだけは、はっきりした意見を持っていた。

「円は下がるよ。マーケットは急降下したあと、しっかり安定している。私の経験では、このパターンのときは、もう一段下がるんだ」

トレーダーは「この指標も、あの指標も売られ過ぎている」など58個もの理由を挙げて、私が間違っていると指摘した。私は言った。

「あなたはおそらく正しいのだろう。それも1つの意見だ」

20年前の私は、人の意見を聞くべきではないと十分わかっていた。しかし、こんなこともあるのだ。その日の午後、私はワシントンDCに行く用事があった。非常にタイトなスケジュールで、マーケットを見ている暇はないとわかっていた。

私は考えた。

「最近の成績は冴えない。いま1つだけ大きなポジションを持っている。知っている中で最高のトレーダーの意見を無視して本当に大丈夫か」

ここで、私の中に「正当化すること」が忍び込んできた。

「待てよ。私は今日マーケットを見ることもできないのだぞ」

私はこう考えた結果、自分が正しいと考えていた判断に従わず、時間外のトレーディングデスクで自分のポジションを解消する注文を出した。防衛的なストップ注文を入れただけだと自分を正当化した。これで、ポジションを守るために、マーケットを監視する必要もなくなった。

数日後に私が出張から戻り、円が数百ポイント下落したことを知ったと聞いても、みなさんは驚かないだろう。

❖あのトレーダーはどうしていたか

このあとの話も信じてもらわなくてはならない。その日、あのトレーダーがまた電話してきたのだ。この前に話をしたときから、彼の見立てに反して円が激しく下落したいま、彼がどんなポジションを持っているのか、とても知りたかったが、それを尋ねるほど私はウブではなかった。

しかし、彼はこう聞いたのだ。

「円についてどう思っている？」

以前の話をまたしているのだというふうにとぼけて、「ああ、円ね。いまもロング（買い持ち）なの？」と私が言うと、彼は大声で答えた。

「ロングだって？　ぼくはいまショート（売り持ち）だよ」

大切なのは、どんなに腕がよくて賢い人でも、人の意見に耳を傾けたら、間違いなくひどい結果に終わる、ということだ。

ここまで書いていなかったが、彼は非常に短期で勝負するトレーダーだったのだ。彼にとって、「1日」はすでに長い期間であり、私にとっては「2週間」でも短期間だった。彼が前に私と話したときは、間違いなく彼は強気だった。しかし、彼が考えていたのはごく短い、1日の中での取引だった。彼が思ったようにマーケットが動かないので、彼は自分が間違いだと即断し、ロングポジションを解消してショートに変えていたのだ。

彼は200ポイントを稼ぎ、一方、正しい判断をしていたはずの私は、何も儲けなかった。大切なのは、どんなに腕がよくて賢い人でも、人の意見に耳を傾けたら、間違いなくひどい結果に終わる、ということだ。ほかの人の意見を聞いているようでは、人より先には行けない。マイケル・マーカスが言っているとおり、「進む道は自分で決めなくてはならない」のだ。

11
Confidence

成功するトレーダーに共通するのは自信

❖実績あるトレーダーは自分に自信を持っている

自分の資金を自分のファンドに入れているかとポール・チューダー・ジョーンズに聞いたところ、「自分の純資産の85％は私のファンドに入れている」と答えた。なぜそれほど大きな割合を入れているのかと言えば、「そこが世界で一番安全な場所だからだよ」と答えた。これが先物取引のトレーダーの言葉である。彼にとって、それが考えられる中で最も安全な投資先なのである。

ここから何を学ぶか。ジョーンズが自分のファンド運用能力に絶対の自信を持っているということだ。

別の先物取引のトレーダー、モンロー・トラウトはポール・チューダー・ジョーンズの上を行く。トラウトは自分の資金の95％を自分のファンドに投入していると言った。中には自分の手法に自信を持つあまり、純資産の100％を超えた金額を自分の戦略に投入する例もある。

ギル・ブレイクが若い頃、トレーディングに回す資金を捻出するために、当時、住宅価格が急上昇していたことから、3年間にわたって自宅に2つの抵当権を設定してお金を借りまくっていた。借りた資金をトレーディングに投入することに、ためらいはないのかと質問したら、こう答えた。

「まったくない。勝つ確率がものすごく高いんだ。周囲の常識とは戦う必要があるけどね。抵当権を2つも設定してトレーディングしていると言うと、支持してくれる人はまずいないからね。最近では、詳しい話を人に話さないようにしているよ」

彼らトレーダーが自分の資金の大部分を自分自身のファンドに投入していることは、ハイリスクだと考える人も多いだろう。しかし、トレーダーたちはそう考えない。彼らのコメントを紹介したように、逆にそれが安全な投資だと考えている。自分の手法とファンド運用能力に大きな自信を持っているからこその行動なのだ。

❖自分の自信を測る方法

このように見ていると、1つ疑問が湧いてくる。彼らは自信を持っているから成功しているのか、それとも成功しているから自信を持てるのか。ニワトリとタマゴのようなこの疑問に明確な答えは出せないが、どちらの方向も正しいと私は思っている。成功すれば自信が出るのは間違いない。しかし、自信を持ってトレーディングするから成功する面もあると思う。私はインタビューしていて、自信こそが実績あるトレーダーに最も広く共通する特性だと気づいた。

あなたがトレーダーとして成功するかどうかを測る1つの基準は、自分が成功すると確信できるかということだ。どれくらい自信があるかを知っているのは、あなた自身だけである。
トレーダーとして成功するほどの自信を持っているかをどうやって確かめるか。私が行ったインタビューを振り返って言えることは、自分がその域に達しているかどうかは自分でわかるということだ。自分でそう思えないときは、まだである。その場合は、絶対の自信がまだできていないことを自覚して、リスクある投資には慎重に向かうべきだ。人にアドバイスを求めるようなら、自信がないことは明白だ。

私はインタビューしていて、自信こそが実績あるトレーダーに最も広く共通する特性だと気づいた。

12

Losing Is Part of the Game

負けもゲームの一部

❖途中で負けることは気にしない

自信と深く関係しているのが、「負けることはゲームの一部だ」という考え方である。リンダ・ラシュキの場合は、この思考回路を示す好例だ。ラシュキはフロアトレーダーとして成功していたが、乗馬中の事故でけがをして立会場でのトレーディングができなくなり、オフィスからトレードすることになった。彼女はその後も、場外トレーダーとして何年も成功を続けた。

インタビューの中で、彼女はこんなことを話した。

「負けることは気にならなかったわ。すぐに取り戻せるとわかっていたから」

一見すると、傲慢で自己中心的な言葉に思える。

しかし、ラシュキはまったくそんな人間ではない。自分のトレーディングの腕を自慢しているのでもない。

彼女の言葉の本当の意味は、「長期的に見れば、勝てるとわかっている手法を私は持っている。取引をしているうちには損を出すこともある。負ければ、次には取り返す。自分の手法に従って取引を続けていれば、最後にはうまくいく」ということである。負けることは取引を続けて行く過程の1つであり、最終的に勝つためには必要なことだと理解しなければならない、ということなのだ。

トレーディングというゲームを始める前に、勝つとわかっていたら、損失を出して

**も困らない。それは最終的に利益を得るためのプロセスの一部に過ぎないと理解し
ているからだ。**

『マーケットの魔術師』でインタビューした心理学者のバン・タープ博士は、勝つトレーダーと負けるトレーダーについて独自の分析を行った。彼はトップトレーダーたちが共通して重視している多くの信念をリストアップした。その中の2つがここでのテーマにピッタリ当てはまる。

まず、トップトレーダーたちはマーケットでお金を失っても大丈夫だと考えている。次に、ゲームを始める前に、自分が勝つとわかっている。トレーディングというゲームを始める前に、勝つとわかっていたら、損失を出しても困らない。それは最終的に利益を得るためのプロセスの一部に過ぎないと理解しているからだ。

❖負けるトレーダーの言い訳

マーティ・シュワルツは、負けるトレーダーが勝つトレーダーになるためには、「負けることはゲームの一部だ」と納得することが必要だと言う。

「負けているトレーダーの典型的な言い訳は何だと思う？　『勝ち負けイーブンになったら取引を終わらせる』と言うんだ。終わらせることがなぜ重要かというと、それで自尊心を守れるからだ。私が勝てるようになったのは、『自分のことなんかどうでもいい。儲けることのほうが大切だ』と言えるようになってからだよ」

イーブンで終われば、「私は間違っていなかった。失敗はしていない」と言える。自分が間違っていたとは限らないと考えるから、人は負けるのだ。そこで、アマチュアのトレーダーが損失を回避しようとして負けるという皮肉な状況が生まれる。

プロのトレーダーは、勝つためには損失を出すことも必要だと理解している。それはトレーディングプロセスになくてはならないパーツなのだ。トレーディングで勝つためには、これを理解する必要がある。

❖4種類のトレーダー（1）

勝つトレーダーと負けるトレーダーの2種類がいると考える人は多い。実際には4つのタイプがある。勝つトレーダーと負けるトレーダー、そして、よいトレーダーと悪いトレーダーだ。

勝ち負けとよし悪しを混同しないでいただきたい。よいトレーダーも負けるし、悪いトレーダーが利益を生むこともある。よいトレードとは、受け容れられるレベルのリスクを取り、繰り返していれば利益を出せる手法に則っている取引だ。しかし、個々の取引では負けることもある。

私があなたに、「あなたのコインを使って、あなたがトスをするインチキなしのコイントスの賭け」を持ちかけたとしよう。表が出たらあなたが私に100ドル払う。裏だったら私があなたに200ドル払う。あなたは受け容れてコインを投げ、表が出た。

これは悪い賭けだろうか。もちろん違う。これはよい賭けだ。しかし、負ける賭けでもある。

これを非常に多くの回数行えば、この賭けはもっといい成果を出すだろう。最初の賭けで負けたとしても、それをやったことは正しい。トレーディングでも、利益を出せる戦略を守るトレーディングは、負けたとしても正しい。同様の取引を何度も繰り返せば、最終的な収支はプラスになるだろう。

トレーディングは確率の問題だ。最良のプロセスであっても、かなりの確率で負ける。個別の取引のどれが勝てるかをあらかじめ知ることはできない。強みを持つプロセスに従った取引であれば、よい取引であり、それを繰り返していれば平均以上の結果を出せるので、個々の場合の勝ち負けは問題ではない。

逆に、ギャンブルとして行った取引は、そのとき勝ったとしても、悪い取引だ。長く続けていれば負ける。賭けの例で言えば、スロットマシンで勝っても、悪い賭け（つまり悪いトレード）だ。何度も繰り返していれば、お金を失う可能性が高い。

❖進んで負けを受け容れよう

負けてもよいと思わなければ、勝てない。

マイケル・マーカスから教わった最も大切な教訓の1つはこれだと、ブルース・コフナーが話してくれた。

「いつでも間違えて当たり前だと思わなければいけない。なにも悪いことはない。マイケル・マーカスは、自分の最高の判断を行えと教えてくれたんだ。それで間違えたら、またベストの判断をする。再度間違えたら、三度目のベストの判断を行い、投入額を2倍にするんだ」

13
Patience

トレードしないで我慢する

❖取引をしない我慢が大事

電子取引の時代以前に、米国長期国債で最大の個人トレーダーだったトム・ボールドウィンに、普通のトレーダーはどんな間違いを犯すかと聞いたら、「取引の数が多過ぎる。これでは選別が不十分だ。マーケットが動き出したら参加したくなり、じっと待っていられずに取引をしてしまう。我慢することは大切な資質だが、それを持っていない人が多い」と答えた。
トレーディングについて書かれた最も有名な本は、エドウィン・ルフェーブルの『欲望と幻想の市場』（東洋経済新報社）だろう。１９２３年に出版されたこの本の内容は90年後のいまでも驚くほど当てはまる。自伝の形をとって主人公のトレーディングの経験を綴った創作だが、投機王ジェシー・リバモアがモデルだと考えられている。
この本はトレーダーの気持ちを極めて的確に書き込んであったので、私が35年前に初めて読んだとき、多くの人がエドウィン・ルフェーブルはジェシー・リバモアのペンネームだと勘違いしたことを覚えている。

いつでもどこでも間違ったことをする単純な愚か者がいるが、それとは別に、いつも取引をしていなくてはならないと考えているウォール街の愚か者がいる。

エドウィン・ルフェーブル『欲望と幻想の市場』より

この本の著者は「いつでもどこでも間違ったことをする単純な愚か者がいるが、それとは別に、いつも取引をしていなくてはならないと考えているウォール街の愚か者がいる」と書いている。ほかの部分では、トレーダーが毎日取引をせずにはいられない理由と、その考え方がもたらす結果がどうなるかを説明し、「状況に関係なく、常に行動をしていたいという願望が、プロも含めてウォール街で多くの損失が生まれる原因だ。普通の給与所得者と同じように、毎日少しでもお金を持って帰らなくてはいけないと思っているのだ」と述べている。

伝えたいことは明白だ。いつも取引をしたいという衝動に打ち勝ち、本当のチャンスを待つ忍耐強さが必要なのである。

❖マーケットの魔術師も学んだ我慢の達人

マイケル・マーカスにインタビューしたとき、トレーダーとして成功するのに最も大きな影響を与えたのはエド・スィコータだと彼は言った。スィコータは先物取引のシステムトレーディングのパイオニアで、大きな運用実績を残した。1972年に5000ドルで始め、1988年に私が彼をインタビューしたときには、それが2500倍に膨れ上がっていた。

マーカスがスィコータから学んだ最も重要なことは、我慢だった。

「エドが銀の空売りをしていて、マーケットがジワジワ下がっていたことがあった。誰もが強気で、銀は安過ぎるから上がるはずだと話していた。しかし、エドはショートポジションを維持した。エドはこう言った。『トレンドは下げだ。トレンドが変わるまで、私はショートのままでいる』。彼がトレンドに従う様子を見ていて、ぼくは我慢することを知ったよ」

私はスィコータにもインタビューしたことがある。そのとき私が驚いたのは、彼のオフィスに相場を伝えるモニターがなかったことだ。私がそれについて尋ねると、彼は苦笑いして答えた。

「相場のモニターを置くのは、スロットマシンを置いているようなものだ。1日中お金を投入したくなる。私は毎日のマーケットが終わってから、その日の相場を確認する」

スイコータのシステムは、日ごとの価格に基づいて、彼の取引条件を満たすときにシグナルを出すようになっている。彼は日中の価格変動など知りたいと思っていない。それは、自分のシステムが示すよりも多くの取引を誘惑するだけだからだ。刻々と変化する相場を見ていることには、２つの害がある。取引をやり過ぎること、そして望ましくない動きが少し出ただけで良好なポジションを解消してしまうことだ。

❖よくわからないものは見送ればいい

本当のチャンスを待つためには、頻繁に取引したくなるという欲求に抵抗するというのが基本的な考え方だ。ジム・ロジャーズは、自分が強く確信を持てるときにだけ取引をすることが大切だと強調していた。

「投資について誰でも学べる最高のルールは、何もしないことだ。しなければならないことが出てくるまで、絶対に何もしてはならない」

私はロジャーズにこう質問したことがある。「ポジションを取るときには、すべての条件が揃っていないといけないのか、それとも近いうちに起きそうな価格変動の予感に従って取引を行うのか」と。彼はこう答えた。

「君がいま言ったことこそ、あっという間に破産してしまうやり方だ。私は、曲がり角の向こうにお金が落ちていて、あとはそれを拾うだけという状況になるまで、じっと待つよ」

つまり、利益が上がることが火を見るより明らかで、あとはそれを拾うだけという状況になるまで、彼は何もしない。そんな理想的な状況まで待つには、ベストとはいえない多くのチャンスには参加せず、見送る我慢強さが必要だ。

取引をしなくてよいという考え方は、ジョエル・グリーンブラットも話していた。彼はゴッサム・キャピタルというヘッジファンドのマネジャーだった。1985年から1994年まで10年間運用を行い、ゴッサム・キャピタルは複利ベースで年平均50%(成功報酬控除前)、しかも最悪の年でもプラス28・5%という実績を叩き出した。グリーンブラットはファンドの規模が大きくなり過ぎて運用に支障が出たとして、ゴッサム・キャピタルを解消した。しばらく自分の資産だけを運用していたが、グリーンブラットはより大きな資金の運用ができるように、バリュー投資の戦略に基づくファンドマネジメントに復帰した。

ウォール・ストリートには、見逃しの三振はない。

ウォーレン・バフェット

グリーンブラットは趣味として、コロンビア大学のビジネススクールで長年教鞭をとっていた。私とのインタビューの中で、技術や新製品などの動きが速くて、将来の収益予想が困難な企業への投資をどう考えればよいかという学生からの質問に、彼がどうアドバイスしたかを話してくれた。ウォーレン・バフェットの大ファンでもあるグリーンブラットは、投資判断が難しいそのような状況への対処法として、バフェットの言葉を引いて学生に説明したそうだ。

「その会社を無視して、分析可能な企業を見つけろと、私はアドバイスした。自分が知らないことは何かを理解することが重要だ。ウォーレン・バフェットが言っているように、『ウォール・ストリートには、見逃しの三振はない』のだ。好きなだけ何度でも投球を見送ってかまわない。そして、すべての条件が揃ったときだけ、バットを振ればいい」

❖我慢強さがあれば、大損失を避けられる

クロード・ドビュッシーの言葉に、「音楽は音符と音符の間に存在する」というものがある。トレーディングについても同じで、トレーディングの成功は、取引の間に存在すると言うことができよう。演奏されない音が重要であるのと同様に、行われない取引も成功するためには重要だ。

『続マーケットの魔術師』でインタビューしたケビン・デーリーという株式トレーダー

が、この考え方についてわかりやすく教えてくれた。デーリーはロング、ショート両方のポジションを取るトレーダーだが、彼のショートポジションは非常に小さく、運用資産に占める割合は最大でも1桁だ。したがって、実際はほぼロングのみの株式トレーダーである。

デーリーがファンドを始めたのは1999年、つまり2000年初めに株式市場が高値をつけるわずか半年前のことだ。ロングポジション主体で運用しようとするマネジャーにとって、これは明らかに都合の悪いスタート時期だった。しかし、悪いタイミングをものともせず、私がインタビューした頃は、それまでの11年間の累積ベースで872%のリターンを達成していた。その11年間に、小型株のラッセル2000指数はわずか68%上昇しただけであり、主要業種を代表するS&P500に至っては9%下落していたのだ。

株式市場がほぼ横ばい状態だった期間に、ほとんどロングの取引だけで、それほど高いリターンをどうやって上げたのだろうか。その理由の1つは、インデックスよりも値上がりをする銘柄を見つけるのがうまかったということだ。

しかし、最も重要な要因は、株式市場が思わしくないときには、運用資金の大部分を現金として持つという我慢強さだろう。そうやって、彼は大きな下落相場を2度回避した。S&P500がその価値をほぼ半減させた二度の下落相場で、彼の下落幅は最大でもわずか10%だった。取引しないことで、大きな損失を免れたのである。

こうして、デーリーは累計の実績を膨らませていった。このような成績を上げるためには、2000年から2002年にかけての長い低迷期に、価格変動リスクにさらされる資産の割合を非常に小さくしておくことが必要だ。それには、どれほどの我慢が必要かを考えてみてほしい。辛抱強く、取引をしないことが大きな違いにつながったのだ。

❖トレーディングには中毒性がある!

マーク・ワインスタインには、『マーケットの魔術師』でインタビューをした。彼は、我慢することがよい結果につながるということを、野生動物の世界を例にとって説明してくれた。

「私が大きな損を出さないのは、最高のタイミングを待っているからだよ。チータは世界一足が速くて、平原でどんな動物でも捕まえられる。けれども、獲物を絶対確実に仕留められるときをじっと待っている。そのときを待つために、やぶの中に1週間隠れていることもある。レイヨウ（羚羊）の赤ん坊を狙うことがあるが、どの赤ん坊でもよいのではない。病気になって、うまく走れない赤ん坊を選ぶのだ。獲物を絶対に逃さないというときになって初めて襲う。プロのトレーディングはそれと同じだ」

これらの説明で明らかなように、マーケットの魔術師は、十分に納得できるトレーディングのチャンスが訪れるまで、粘り強く待つ。条件が整っていない、あるいはリスクとリターンの関係がよくないときには、何もすべきでないということを学んでほしい。我慢できずに、いい加減な取引をしないよう、十分注意していただきたい。

何もしないでいるのは、言葉で言うほど容易ではない。人間には頻繁に取引したいという自然の欲求がある。トレーディングにはそうした魅力があるのだが、その誘惑に勝たなくてはならない。ウイリアム・エックハートはCTA（コモディティ・トレーディング・アドバイザー、商品投資顧問業者）として長く成功を収め、リチャード・デニスのパートナーをやっていたが、２人は「タートルズ」というＣＴＡのグループをトレーニングする中で、トレーディングには中毒性があって、なかなかやめられなくなることを教えた。

「行動心理学者が、さまざまな強化スケジュール（刺激の与え方の規則）について中毒性を調べたところ、間欠強化、つまりプラスとマイナスの刺激が連続的ではなく、ランダムに与えられるときが最も中毒性が強いということがわかった。例えば、棒が置いてあり、ネズミがそれをつつくと、あるときは快感を得られるが、あるときは苦痛が与えられる。いつどちらが来るかはネズミにはわからない。このような状況では、常によい刺激が与えられるときよりも、中毒性が高いという」

❖勝つ回数を追求してはいけない

我慢が必要なのは、取引を始めるときだけではない。取引を終わらせるときも重要だ。『欲望と幻想の市場』から再び引用する。

「大きな利益をもたらしたのは、私がすごいことを考えたからではない。じっとしていたからだ。わかるかい？　じっと座っているんだ。マーケットでよいタイミングをつかむのに、仕掛けやトリックなどない。上げ相場では、他人よりも早く強気になる人が必ずいる。下げ相場でも、同じように、他人よりも早く弱気になる人が必ずいる。まさにぴったりのタイミングに居合わせたのに、そこで儲けられない人をたくさん知っている。よいタイミングをとらえ、しかもじっとしていられる人は滅多にいない」

「じっと座っていることの大切さ」というテーマは、私が行ったインタビューの中でも登場している。ウイリアム・エックハートはこの考え方を支持していた。

「儲けていれば、破産しない」というのは、トレーディングにおいて最も間違った格言だ。エックハートは言う。

「そんなことを言っているから破産するんだ。素人は大きな損を出して破産する。プロは小さな利益を出して破産する」

彼によれば、人間には、利益を最大にするのではなく、利益を得るチャンスを最大にしようとする傾向があるという。勝利の数を増やそうとすると、うまくいっている取引なのに、まだピークに届く前に解消してしまおうと考えるようになる。そして、勝ち数を増やすために、トレーダーは大きな資金を常に運用するようになる。これでは、勝率を上げるために利益の合計額を減らすことになる。これは間違った、害のある目標だと言わざるをえない。エックハートもこう言っている。

「トレーディングにおいて、勝率はまったく重要な指標ではない。むしろ成績に悪影響を与えるものだ」

投資手法に関係なく、うまくいっている取引で十分な利益を生み出すことが、一時的に負けることがあっても、最終的に大きな利益を上げる秘訣だ。マーカスは皮肉な言い方をしている。

「勝てる取引を大切にしないと、負けた取引の埋め合わせもできない」

我慢することは、トレーダーにとって必要不可欠だ。取引を始めるときにも、そして取引を終えるときにも。

14

No Loyalty

トレーダーは忠実であってはならない

❖忠実なトレーダーは失敗する

忠実であることは美徳だ——家族や友人、ペットとの間では。しかし、トレーダーには当てはまらない。トレーダーにとって、忠実であることは非常にまずい。ある意見やポジションに忠実でいると、恐ろしい結果になることがある。

「忠実でない」を言い換えれば、柔軟である。はっきりした根拠があるなら、自分のポジションを完全に変えてしまえる能力だ。私がマイケル・マーカスに、ほかのトレーダーと違うところはどこかと尋ねたときの答えがそれだった。

「ぼくはすごく頭が柔らかい。感情的には受け容れがたい情報でも、どんどん聞くよ。マーケットが自分の予想と違う動きをしたら、『このポジションで大儲けしたかったけど、うまくいかないから、やめるよ』と言うんだ」

❖間違いはマーケットが教えてくれる

２００８年から２００９年にかけての経済危機の影響がまだ残っていた２００９年４月になっても、コルム・オシアは、マーケットに対して悲観的な見方を持ち、その考え方を反映したポジションをつくっていた。

「しかし、私は間違っているとマーケットが教えていたのだ」

オシアは当時どう考えたかを話してくれた。

「中国に回復の兆しがあった。金属の価格も高くなっていた。オーストラリアドルも上がっていた。これらは何を語っているのか。世界のどこかで回復が始まっているということだ。世界全体がひどい状況だという仮説にこだわることはできないと思った。では、どう考えれば実情をうまく説明できるか。アジアはとても好調に見えた。ぴったりくるのは、アジア主導の回復シナリオだ」

自分の基本的な見方が間違っていると理解したので、その考えを捨てた。当初の見方にこだわっていたら、悲惨な結果になっただろう。株式と商品はどちらも、それから何年もの間上昇を続けたのだから。ところが、オシアは世界に対する自分の見方が間違いだと受け容れる柔軟性を持ち、自分の戦略をマーケットの示す方向に転換したため、その年も利益を出した。当初の見立ては完全に間違っていたのに。

オシアは、柔軟性を持つ人物の見本としてジョージ・ソロスを挙げる。

「ジョージ・ソロスほど、前にやったことを気にしない人はいない。どんなアイデアにも思い入れというものがない。取引が間違っていたら、それを取り止めて、さっさと別の道に進む。為替で巨額のポジションを張っていたことがあった。1日のうちに2億5000万ドルくらいを投入し、それに関するソロスのコメントが経済紙に掲載された。戦略的に大きな意味を持つ考え方という印象だった。しかし、マーケットが違う方向に動くと、そのポジションは解消された。跡形もなく消えたんだ」

❖ポール・チューダー・ジョーンズの方向転換

ポール・チューダー・ジョーンズを2週間ほどの間隔を空けて連続してインタビューしたことがある。最初のインタビューのとき、彼は非常に弱気で、S&P500インデックスに対して大きなショートポジションを持っていた。しかし、二度目のインタビューまでの間に、ジョーンズは考え方をがらりと変えた。彼の予想に反して、マーケットの下げ局面は続かなかったからだ。彼はこれを見て自分の間違いに気づいた。

私との二度目の面会のときには、「このマーケットの売りは終わった」と明確に言い切った。当初の自分のショートポジションを解消するだけでは終わらず、当初の考えが間違っていたのだからと、今度はロングのポジションをつくった。短い期間に正反対に舵を切る柔軟さがジョーンズの成功の理由であることを裏付けるエピソードである。そして、この転換のタイミングは完璧で、次の週からマーケットは急上昇した。

❖間違いに気づいたら、素早く行動せよ

マイケル・プラットが欧州の金利先物に関して巨大なロングポジションを持っていたとき、欧州中銀が予想外の金利引き上げを行ったことがある。この決定はプラットのポジションに対して大打撃を与えるものであったが、彼はその状況をまったく知らなかった。そのとき、ロンドンから南アフリカへ飛行中だったのだ。

プラットが南アフリカに到着すると、部下からの至急の連絡が待っていた。部下は状況を説明し、彼からの指示を求めた。

「いま損失はいくらだ」

「7000万ドルから8000万ドルです」

欧州中銀が金利引き上げに動くと、それはしばらく継続する可能性が高いとプラットは判断した。すぐに動かなければ、この取引の損失は1週間で簡単に2億5000万ド

ルくらいに跳ね上がると予想できた。

「全部解消だ」

彼は部下に指示した。


間違っていたら、ただちに撤退するのみだ。私の考えが間違いだとわかったとき、ショックを受けるのは私だけではないだろう。だから、誰よりも早く売らなくてはならない。どんな価格で売るかはまったく気にしない。

マイケル・プラット

このときの経験をプラットはこう説明した。

「間違っていたら、ただちに撤退するのみだ。私の考えが間違いだとわかったとき、ショックを受けるのは私だけではないだろう。だから、誰よりも早く売らなくてはならないのだ。どんな価格で売るかはまったく気にしない」

❖過去最悪の失敗を乗り越える

私が出会った中で、自分のポジションに対して思い入れを持たない最高の見本は、スタンレー・ドラッケンミラーだろう。彼が運用するデュケーヌ・キャピタル・マネジメントのヘッジファンドは、25年間にわたって年平均で30％近い運用実績を上げてきた。長期にわたってこれほど高いリターンは稀有だ。

私がお話しするストーリーは、1987年10月16日に始まる。この日がどんな日だったか、思い出せない人には、それが金曜日だったとヒントをあげよう。

当時、ドラッケンミラーは、自分のファンドのほかにザ・ドレイファス・コーポレーションでも複数のファンドを運用していた。彼は、この金曜日に、ショートから入った。もう覚えている人はほとんどいないと思うが、10月19日（月曜日）の大暴落は前触れなく起こったものではなかった。2カ月前から20％近く下落していたし、直前1週間を見れば、9％下落していたのだ。

1987年10月16日（金曜日）の午後、ドラッケンミラーは、マーケットが十分下がり、そろそろ下支えが入るレベルまで来たと判断した。そこで、彼は自分のショートポジションを解消した。これは悪い判断だと思うだろう。実際には、悪い以上の状況であった。実はショートポジションを解消してから、ドラッケンミラーは非常に多額のロングポジションを設定したのだ。その日、彼は、ショートポジションから、借り入れをして自己資金の130％までロングのポジションを伸ばしたのである。

かつて私は講演でこの話を披露するとき、聴衆にこれよりひどい取引をした人はいるかと常に質問していた。しかし、その質問をすることをやめた。1987年10月16日にショートポジションから借り入れまでしてロングにする以上にひどい失敗などできるはずがないと気づいたからだ。

これほど大きな失敗をしたのに、ドラッケンミラーの1987年10月の運用実績は、驚くなかれ、ごくわずかな損失に留まっている。彼は一体何をやったのか。

実は、その月の前半、ドラッケンミラーはショートポジションで利益を上げていた。

金曜日のマーケットが終わってから、月曜日のマーケットが開くまでの間に、彼はひどい間違いをしたと判断した。なぜそう思ったかは重要ではない。興味のある方は、『新マーケットの魔術師』に詳しく書いてあるのを参照していただきたい。

重要なのは、ドラッケンミラーが、大きなロングポジションを取ったことはとんでもない間違いだと気づき、月曜日の朝にそれを解消しようと固く決心したことである。この処理の唯一の問題は、月曜日の朝は、開始当初から相場がひどく低い水準になったことである。彼は何をしただろうか。月曜日のマーケット開始から1時間のうちに、彼はロングポジションをすべて解消した。解消するだけでなく、ここでショートポジションをつくったのである。金曜日につくった巨大なポジションを翌営業日に解消し、今度は逆方向に巨大なポジションをつくるなど、ポジションに対する思い入れや忠実さの欠片もない行動だ。

うまいトレーダーは、間違ったと思ったら、自分のポジションを解消する。「偉

大」と呼ばれるトレーダーは、間違ったと思ったら、ポジションを逆向きに転換する。

うまいトレーダーは、間違ったと思ったら、自分のポジションを解消する。「偉大」と呼ばれるトレーダーは、間違ったと思ったら、ポジションを逆向きに転換する。あなたがトレーダーとして成功したいと思ったら、ポジションに思い入れなど持ってはいけない。

❖悪いアイデアをよい取引に変える

柔軟さ、言い換えれば、忠実でないことは、取引を始めるときにも意味がある。2011年にジェイミー・マイが行った最大のショート取引を見れば、それがよくわかる。

ジェイミー・マイはコーンウォール・キャピタルという収益性の高いヘッジファンドのポートフォリオマネジャーだ。このファンドは、マイケル・ルイスの名著『世紀の空売り』（文春文庫）に登場するサブプライム・モーゲージの空売りにおける最大の勝ち組の1つである。私がマイに注目し、『続マーケットの魔術師』で彼にインタビューすることにしたのは、ルイスの本のおかげだ。

マイは2011年に、石炭の世界最大の産出国であり、同時に最大の消費国である中国が輸出国から輸入国に転換し、その傾向が加速していることに着目した。石炭の輸出が1億トンからゼロになるまでには10年を要したが、輸入がその1・5倍になるのにはわずか2年しかかからなかった。中国の石炭輸入がこれほど拡大するのなら、ばら積み貨物船の需要が急速に拡大すると、マイは最初考えた。だから、その種の海運会社の株式のロングポジションは絶対うまくいくと思った。

しかし、プライベートエクイティファンド出身のマイは、取引の実行には非常に慎重だった。どんな運用のアイデアも徹底的に調査してから実行する必要がある。マイがさらに調べていくと、新興国では経済成長に基づいて需要が増加し、需要増加による運賃高騰が引き金となって、数年前に造船ブームが起こっていたことがわかった。そして、ブーム時に発注した船がちょうど完成して登場するところだったのだ。輸送キャパシティは毎年20％増加すると見込まれた。中国からの強い需要を織り込んでどんなに楽観的に考えても、増え続ける輸送能力は大幅に供給過多になると思われた。

当初は海運会社の株式のロングポジションを考えたマイだったが、最終的には、まったく逆のアウト・オブ・ザ・マネーのプットによりショートポジションを取ることにした。それは、その年、コーンウォール・キャピタルが最も確信を持って行ったショート取引となった。

❖自分の取引や考えを言いふらすな

話はやや脱線するが、あなたのマーケット予想を人に言いふらすのは気をつけたほうがいい。

自分の見識で人を唸らせようなどと考え、マーケットの動向について、あなたの考えを人に知らせれば、あなたの投資はその予測に縛られやすくなる。その後のマーケットが自分の考えていたのとは違う方向に動いたときに、人に話していると、自分の考えを変えるのが難しくなる。自分の考えがいまでも正しいという理由は、いくらでも出てくるからだ。

ポール・チューダー・ジョーンズは、マーケットについての発言がトレーディングに与える影響の危険性をよく理解していて、それについて話すことがある。

「マーケットについて自分の発言が記録に残っていたら、そのコメントに自分のトレーディングポジションが影響されないように注意している」

エド・スィコータは、まだ投資経験が浅かった頃、自分の意見を広く伝えて失敗したことがある。彼は、銀の価格が上がり続けると思うと、たくさんの友人にそれを話した。銀の価格が逆に下がったとき、彼は間違いだと示すあらゆるマーケットからのシグナルを、一時的な修正にすぎないと考えて無視したのだ。

「間違いを認めたくなかったんだ」とスィコータは当時を振り返る。幸い、彼は自分の潜在意識に助けられた。銀でできた飛行機が下降を続け、墜落を避けられないという夢を見続けた彼は、そのメッセージを受け容れた。

「しばらくして銀のポジションを始末した。ショートポジションを取ったら、その夢を見なくなったよ」

15
Size Matters

取引金額を大きくしてはいけない

❖投入資金の大きさによって、負けを勝ちにできる

エドワード・ソープの実績は時代を超えてトップクラスと言ってよい。彼の最初のファンドであるプリンストン・ニューポート・パートナーズの19年間の年平均リターンは19・1％（手数料控除後では15・1％）だった。さらに、安定度が驚異的だ。230カ月の期間のうち、利益を上げた月が227カ月。そして、月ベースでの最悪の損失は1％

未満だった。次に運用したリッジライン・パートナーズでは、10年間の平均リターンが21％。その間の年換算の変動率はわずかに7％だった。

マーケットに興味を持つ以前、ソープは数学の教授で、通常不可能と考えられているさまざまなカジノのゲームで勝つ方法を研究テーマにしていた。そもそもプレイヤーが不利なゲームで勝つ戦略など考えられるのかと思う。こんな無駄と思えることに時間を割くなど、数学者が最もやりそうにないことだと思う人もいるだろう。しかし、ソープは従来とはまったく異なるやり方でこの問題に取り組んだ。

ルーレットについて、ソープは情報理論の父として知られているクロード・シャノンと一緒に、ニュートン力学を使って、ボールが最も高い確率で落ちてくる盤の位置を予測する小型コンピュータをつくりだした。

ブラックジャックと同様に、勝つ確率の高い取引に大きな金額を投入し、確率の低い取引には少ない金額を入れるか、まったくトレードしないというやり方だと、負

けるはずの戦略を勝てるものに変えることができる。

ブラックジャックにおけるソープの考え方は、「勝つ確率の高い手のときに、勝率の低い手のときよりも大きな金額を掛ければ、プレイヤーに不利なゲームも、有利なゲームに変えることができる」というものだ。この考え方はトレーディングでも重要な意味を持つ。ポジションの大きさを変えることで、成績を改善できるということだ。

ブラックジャックと同様に、勝つ確率の高い取引に大きな金額を投入し、確率の低い取引には少ない金額を入れるか、まったくトレードしないというやり方だと、負けるはずの戦略を勝てるものに変えることができる。トレーディングでは確率をブラックジャックほど正確に定義できないが、トレーダーは確率の高い場合と低い場合の区別をしばしば行っている。

例えば、トレーダーがどれだけ確信を持てるかで、勝つ確率に代用することが可能だ。どのトレードでも同じ金額を投入するのではなく、強く確信を持てる取引には大きな金額を投入し、一方、確信を持てない取引は小さな金額で行うのである。

マイケル・マーカスは、取引によって金額の大きさを変えることが自分のトレーディングを成功させた重要な要因だとはっきり語っている。彼は、ファンダメンタルズとチャートパターン、ニュースに対するマーケットの反応の3つが自分の取引を裏付けてくれる場合に、自分のトレーディングは非常にうまくいくとわかっていた。したがって、その3つの条件が満たされたときにだけ取引をすれば、それまでよりも成績は上がることに思い当たった。

しかし、そんな都合のよい状況は滅多にない。そこで、そういうチャンスを待ちながら、ゲームを「多めに楽しむ」ことにした。

「条件が満たされるまでにも取引をしたよ」

もちろん、条件が最適ではない取引は運用資産に悪影響があることはわかっていた。

「でも、基準をきちんと満たしたときには、ほかの取引の5、6倍の金額を投入して帳尻を合わせるんだ」

❖大き過ぎる取引の危険性

ポール・チューダー・ジョーンズは駆け出しの頃、ひどい経験をした。当時、ジョーンズはまだブローカーで、投機的な綿花の口座を管理していた。期近の7月限の取引が自分の取引レンジに入ってきたので、ジョーンズは400本のロングポジションを設定した。

ある日、取引所にいたジョーンズは、7月限の綿花がレンジの底まで落ちてからリバウンドしたのを見た。これでレンジの少し下に設定してあったストップ注文は解消され、市場はこれから急上昇すると彼は考えた。無鉄砲にも、彼は100本の買い注文を高値で入れた。それは、その時点ではとても大きな取引であった。

受け渡しできる綿花のほとんどを持っていた会社のブローカーが、即座に「売った！」と叫んだ。そのときジョーンズが悟ったのは、彼の7月限の取引でその会社が持っていた綿花を現渡しするつもりだったこと、そして、7月限の取引は次の10月限の取引に対して400ポイントのプレミアムがあったが、それがあっという間に消えたことだった。自分がマーケットの間違った側にいると知ったジョーンズは、ただちにできる限り売ろうとした。マーケットは急落し、60秒でストップ安となった。彼が処理できたのはポジションの半分にも満たなかった。

翌朝もマーケットはストップ安となり、ジョーンズはこの日もポジションを解消できなかった。その次の日になって、やっとポジションを処分できたが、彼が売るつもりだった水準から400ポイントも下の価格だった。

当時を振り返ったジョーンズは、「問題は、あの取引で価格が下がってどれだけの損をしたかではなく、管理していた口座のサイズに比べて取引が大き過ぎたことだ」と言った。彼は一度の取引で口座の資金の6、7割を失ったのである。

「完全に自信を喪失した。ぼくはこの仕事に向いていない、うまくやっていけないと思ったよ。ほとんど仕事を辞めそうだった。そのとき『バカ者、なぜ1つの取引にすべてを賭けたんだ。苦しむ人生ではなく、幸せを見つけることを考えよう』と思ったんだ」

この取引は大きな痛手となり、ジョーンズを変えてしまった。彼は取引において、いくら儲けられるかではなく、いくら損をする可能性があるかをチェックするようになった。ジョーンズはずっと注意深くなった。1つの取引で大きなリスクを取ることはもうなかった。

❖欲の深いトレーダーは必ず失敗する

ブルース・コフナーがそれまでに積み上げてきた利益の半分を失った取引も、過大な取引だった。この取引については項目17で詳しく見るが、小さなポジションで取引することの大切さを彼に教えた。経験の浅いトレーダーの行う取引はどれも大き過ぎると彼は言う。コフナーはこうアドバイスする。

「取引は小さく、小さく、くれぐれも小さく。これくらいの大きさが必要だと思ったら、その半分以下にすることだ。私の経験によれば、経験が浅いトレーダーの取引はあるべきサイズの3倍から5倍だ。1％か2％のリスクしか取れないときに、1つの取引で5％から10％の取引をする」

私がインタビューしたとき、コフナーは、過去に30人くらいのトレーダーを教育したが、よいトレーダーになったのはそのうちの5人だと言った。そこで、少数のよいトレーダーとそうなれなかった多くの人たちとの違いを質問したところ、よいトレーダーは取引の規模を適正レベルに維持できると、コフナーは強調した。さらに彼は言った。

「欲の深いトレーダーは必ず失敗する」

ポジションが大きくなると、危険も大きくなり、取引の意思決定が冷静な判断力と経験とではなく、不安に支配されるようになる。

ポジションが大きくなると、危険も大きくなり、取引の意思決定が冷静な判断力と経験とではなく、不安に支配されるようになる。スティーブ・クラークは高リスクリターン率の戦略(1)で優れた実績を残しているロンドンのオムニ・グローバル・ファンドのポートフォリオ・マネジャーだ。

トレーディングは自分の「感情のキャパシティ」の範囲で行うべきだと彼は言う。そうしないと、よい取引をしていても、つまらない修正をしてしまい、勝てるはずの取引で損をする。自分のポジションが大き過ぎるかどうかがわかる確実な方法は、朝、目を覚ましたとき、その取引に不安を感じるかどうかだと、クラークは言う。

ハワード・シドラーは、リチャード・デニスとウイリアム・エックハートが鍛えた優秀なトレーダー集団「タートルズ」の1人だ。シドラーは、「感情のキャパシティ」を超えたトレーディングについて、トレーダーを始めた頃に学んだ。

シドラーがショートポジションを取ったあと、マーケットは彼の考えた方向に動き出した。シドラーはポジションを2倍に増やした。その直後にマーケットは反転した。2倍に増やしたばかりだったので、損失が非常に気になり、大きな反転ではなかったが、追加ポジションだけでなく、当初からのポジションまで解消した。

2日後、マーケットはシドラーの当初の予想どおり急落した。当初のポジションをそのままキープしていたら、大きな利益を手にしていたはずだったが、取引が大き過ぎた結果、過剰に反応してしまい、利益を得る機会をすべて失ってしまったのだ。

　この経験を振り返って、シドラーは「トレーダーとして成功するためには、絶対に学ばなければならないことがある。マーケットに恐怖や不安を覚えるほど大きく膨らんだポジションを取ったら、勝てないというのがその1つだ」と語った。

　マーティ・シュワルツは、利益が出始めると、投資規模をすぐに引き上げるトレーダーに警鐘を鳴らす。

「ほとんどの人が、利益が出始めると、すぐに投資額を増やすという過ちを犯す。それをやったら、資金はすぐになくなるよ」

　取引の規模を引き上げるのは、少なくとも資金が2倍になるまでは待てというのが、彼のアドバイスだ。

❖確信があるときはアクセルを踏むこともある

　トレーダーが失敗する最も多くの要因が過大な取引だが、大きな取引をすることが正しく、そして望ましいときもある。スタンレー・ドラッケンミラーによると、ジョージ・ソロスから学んだ最も重要なことは「大切なのは正しいか、間違っているかではなく、あなたが正しいときにどれだけ儲け、間違ったときにどれだけ損をしたかだ」ということである。滅多に怒らないソロスが彼に文句を言うのは、マーケットについて正しい見方をしているのに「チャンスを最大限活かさなかった」ときだったという。

ドラッケンミラーはこんな事例を話してくれた。彼がソロスのところで働き始めてすぐの頃だった。当時、ドラッケンミラーはドイツマルクに対するドルにとても悲観的な見方をしていて、それに沿って自分としては大きなポジションをつくっていた。市場は彼の期待どおりの動きを見せたため、自慢したい気持ちになっていた。そこへソロスが入ってきて、その取引について話した。

「それで、どれくらいのポジションを持っているのかい？」

「10億ドルです」

「そんな金額をポジションと呼べるのか」とソロスはつまらなそうに言ったそうだ。ソロスはドラッケンミラーに、ポジションを2倍にするようアドバイスし、ドラッケンミラーはそれに従った。その結果、その取引は、はるかに望ましいものに変貌した。

ソロスは彼に「非常に大きな確信を持てる取引なら、とことん戦え。貪欲に行くには、勇気が必要だ」ということを教えてくれた。

ドラッケンミラーがソロス・マネジメントに参加する前の話だが、1985年のプラザ合意のあと、ソロスの会社で何があったかを彼は聞いていた。プラザ合意では、アメリカ、イギリス、西ドイツ、フランス、日本の各国が共同でドルを他国通貨に対して切り下げることを合意した。ソロスは円の巨大なロングポジションをつくり、会社のほかのトレーダーも彼の戦略に便乗した。

合意があった次の月曜日の朝、円は前日比800ポイント高でマーケットを開始した。ソロス・マネジメントのトレーダーたちは思いがけない儲けの大きさに驚き、利益を確定し始めた。そのとき、ソロスが自分のオフィスから飛び出してきて、トレーダーたちのポジションを引き受けるので、円売りをやめろと言った。ドラッケンミラーがその状況を解説してくれた。

「ほかのトレーダーたちが人生で最大の利益を称え合っていたとき、ソロスはもっと大きな絵を描いていた。ドルはもう1年下がり続けると政府が教えてくれているのだ。貪欲にもっと円を買えばいいじゃないか」

読者には注意をしておきたい。トレーダーに思い切って大きなポジションを取る勇気を持てと言っているのではない。非常に大きな確信を持てるときに限って、大きな取引をしなさいというメッセージなのだ。

❖ボラティリティと取引規模の関係

マーケットの状況が違っても、いつも同じサイズのポジションを取るトレーダーが多過ぎる。どの状況でもリスクを同じレベルに保ちたいのであれば、ポジションのサイズをマーケットのボラティリティの変動によって調整する必要がある。

コルム・オシアは２００８年に、リスクを半分に下げたというマネジャーの間を走り回ったときのことを振り返る。

「半分ではまだ多い」とオシアは言った。

「レバレッジが4倍だったのを2倍にしたんです」という返事に、オシアは「ボラティリティは5倍に跳ね上がっていることをわかっているのか」と返した。

彼らはリスクを下げたつもりになっていたが、ボラティリティ修正後で考えると、実はリスクは上昇していたのである。

❖相関関係と取引サイズ

異なるポジションが、相互に完全に独立しているとは限らない。コインを投げるのとは違うのだ。独立しているときもあれば、強い相関関係があるときもある。正の相関があるとき、1つのポートフォリオで損失があれば、同時に相関関係のあるポジションからも損失が生まれ、被害が拡大する傾向がある。この拡大するリスクに対応するためには、ほかに正の相関を持つポジションがある場合には、ポジションの規模を小さくしなければならない。

さまざまなアービトラージ戦略の経験を長年積んできたエドワード・ソープは、トレンドをフォローする戦略を考案して実践している。同じ戦略の他のトレーダーよりもはるかによい実績を上げてきた理由を彼に尋ねたところ、相関に基づいてリスクを下げるシステムを持っていることが要因の1つだと答えた。

そのプロセスは、次のようなものだ。

「マーケット間の相関マトリクスというものがあって、相関するマーケットによるリスクを下げるのに使っている。2つの強い相関関係を持つマーケットがあり、テクニカル分析によるシステムで、一方がロング、他方がショートのポジションを取っていたら、それはよい。しかし、両方でロングかショートの一方向になっているときは、それぞれの規模を小さくする」

16

Doing the Uncomfortable Thing

気分がよくなる投資はしない

❖平均以上の成績を上げる猿

ウィリアム・エックハートは、人間が生まれつき快適さを求めるために、トレーディングにおいてランダムに行動するよりも悪い意思決定をしてしまうと考えている。ここは明確にしておきたい。

バートン・マルキールの有名な言葉を聞いたことがあるだろう。

「目の見えない猿が新聞の株式欄にダーツを投げて選んでも、専門家が注意深く選んだものと同じ程度のポートフォリオをつくることができる」というものだ。その派生形としてマーケットに勝とうとする愚かな行為をからかう言葉もある。
だが、エックハートの言葉はそれとは違う。猿がプロのファンドマネジャーと同等にうまくやれると言うのではなく、猿のほうがうまくやれると言っているのだ。

気分をよくしてくれることは、多くの場合、間違ったことだ。

ウィリアム・エックハート

なぜ猿のほうがうまくやれるのか。それは、人間が快適さを求めるように進化したからだ。猿は快適になることを目標としない。マーケットにおいて快適さを求めることは、感情を満足させることになる。エックハートは言う。

「気分をよくしてくれることは、多くの場合、間違ったことだ」

エックハートはかつてのトレーダー仲間であるリチャード・デニスを引き合いに出して、彼がいつも「気分がよくなるのなら、それはするな」と言っていたと話す。

マーケットで気分がよくなることとして、エックハートは、「市場の流れに逆行する誘惑」を挙げる。弱気のときに買い、強気のときに売ることは、安く買って高く売りたいという人間の欲求を満たしてくれる。過去6カ月で最低の価格まで下がった株式を買えば、過去6カ月の間に買った人たちよりも自分のほうが賢いと、よい気分になれる。そのときには気分がよいかもしれないが、流れに逆行する方法は負けることが多く、ひどい目に遭うこともあるやり方だ。

エックハートは別の例も示す。少し利益が出ても、それはなくなってしまうことが多いので、人々は利益が出たら、すぐに確定しようとする。そのときは気分がよいけれど、長い目で見れば、取引から大きな利益を得ることの妨げになるので、害がある。

エックハートが挙げる3つ目の例は、マーケットでは同じ価格での取引が繰り返される傾向があるため、悪い取引でも十分長く持っていれば、そのうち元の価格に戻ると人々に誤解を与えることである。

どの例を見ても、気分をよくしてくれる行動は、通常、悪い取引になる。感情を満足させようとすると、ランダムな決断よりも悪くなる。したがって、猿がダーツを投げたほうがマシだということになるのだ。

人々の偏った見方がランダムよりもひどい結果に終わることを実証するものとして、エックハートは、リチャード・デニスの配下にいた人がさまざまなマーケットの年末の価格を予想するコンテストに出たときの話をしてくれた。その人は単純に応募時点の価格を予想として使った。結果は、100人のうちの5位だった。つまり、少なくとも95%、ひょっとすると99%近くの確率で、すべての参加者の予想はランダムより悪かったのである。

❖無意識の好き嫌いが投資成果に影響を与える

『株デビューする前に知っておくべき「魔法の公式」』（パンローリング）の中で著者ジョ

エル・グリーンブラットは、企業価値に基づく指標を紹介した。彼は、多くの指標が持つごまかしをからかって、この指標を「魔法の公式」と呼んだ。しかも、この指標は驚くほど有効だった。

グリーンブラットとそのパートナー、ロブ・ゴールドスタインは「魔法の公式」があまりにもうまくいくので、それによって選別したリストから一般の投資家が銘柄を選べるウェブサイトを立ち上げた。投資家はごく少数の銘柄に絞るのではなく、リストから20～30以上の銘柄を選び出し、その成績の平均を考えるようにアドバイスされる。

そして最後に、銘柄を自分で選ぶ代わりに口座の管理を依頼したいかどうかのチェックが求められる。このウェブサイトは、自分で選ぶためのサイトだったはずなのだが、そうしたのは1割未満にすぎず、ほとんどの人はポートフォリオの管理を依頼することを選んだ。

グリーンブラットは、投資家が自分で選んだ銘柄と、管理したポートフォリオそれぞれのその後の実績を辿ってみた。最初の2年間では、平均すると管理したポートフォリオのほうが、投資家が自分で選んだポートフォリオの成績を25％上回っていた。どちらも同じリストから選んだ銘柄だったことを思い出してほしい。
両者の運用実績の差は、人による選別と決定のタイミングが影響していた。自分で選択するというのは、銘柄選択に加えて、売買のタイミングも投資家自身に委ねたということだ。これらを自分でやると、売買のタイミングを何も考えないで同じ金額を投資する場合よりもひどい結果に終わったのだ。

私たちが提供したリストから投資家が選んだ銘柄が、ランダムな選択よりもひどかったのは、所有したくない銘柄を避けた結果だと思う。そのため、大きく伸びる銘柄のいくつかを入れ損ねたのだ。

ジョエル・グリーンブラット

自分で決めた投資家がそれほどひどい理由をグリーンブラットに聞いてみた。彼の答えはこうだ。

「彼らはマーケットが下がると、投資額を小さくする。つまり、株式やポートフォリオが全体として不調なときに売ろうとする。私たちが提供したリストから投資家が選んだ銘柄が、ランダムな選択よりもひどかったのは、所有したくない銘柄を避けた結果だと思う。そのため、大きく伸びる銘柄のいくつかを入れ損ねたのだ」

どうだろう。これは快適さを求めて行った判断と言えないだろうか。

グリーンブラットは、人間の判断が与える影響について、同じリストから無作為に選んだ分散ポートフォリオと比較する実験を行った。投資家はランダムに銘柄を選び、各銘柄に同じ金額を投資し、バイ・アンド・ホールド戦略でやっていれば、比較対象と同じリターンを得られるはずである。そして、銘柄リストに猿がダーツを投げて選んでも、同じリターンが得られるはずだった。しかし、グリーンブラットの実験は、猿が人間の投資決定よりもよい成績を挙げられるというエックハートの主張を現実の世界で実証する結果となった。

❖行動経済学に見るトレーディングの歪み

エックハートは、マーケットの参加者の大部分が負けるのは、人間の持つ偏った考え方と関係があると言う。彼はこう語る。

「株式投資では、大多数の者から少数の者へ資金が集まるという大きな傾向が常にある。したがって、長期的に見ると、大部分の人は負ける。つまり、トレーダーが勝つためには、大部分の人と同じではいけないのだ。普通の人間が持つ癖や傾向をトレーディングに持ち込めば、多数派に引き寄せられ、間違いなく負ける」

エックハートの見立ては、行動経済学が教えることに通じるものがある。行動経済学の調査も、人間が不合理な投資の意思決定から逃れられないことを示している。プロスペクト理論のパイオニアであるダニエル・カーネマンとエイモス・トベルスキーが行った象徴的な実験を見よう。

被験者は、確実に3000ドルを得られる選択肢と、80％の確率で4000ドル得られるが、20％の確率で何も得られないという選択肢の2つを提示される。[1] ほとんどの人は確実に3000ドル得られるほうを選ぶ。実は、4000ドルに80％をかけると3200ドルになるので、もう1つの選択肢のほうが確率的に期待される利益は大きいのだが。

次に、質問を変える。今度の選択肢の1つは確実に3000ドル損をするというもの。もう1つは、80％の確率で4000ドル損をするが、20％の確率でまったく損をしないというものだ。このケースでは、ほとんどの人がギャンブルを好み、80％の確率で4000ドル損するほうを選んだ。今回も、こちらのほうが確率的には3200ドルと損失が大きくなる。

最初の質問では期待利益の少ないほうを、2つ目では期待損失が多いほうを選ぶという合理的でない選択をした。なぜだろうか。この実験は、リスクと利益に関して人間の行動に潜む歪みを浮き彫りにしている。利益を得る場面で人々はリスクを回避したいと考える。一方、損失を回避する局面では、リスクを取りに行く行動に出るのだ。

この歪みは、トレーディングに密接に関係してくる。人々が損失を放置し、利益を早めの段階で確定させてしまう理由を説明してくれる。「利益を伸ばし、損失は早く切り上げる」という昔からの教えがあるが、ほとんどの人はその逆をやっているのである。(2)

❖感情はコンピュータ取引にも影響を与える

心の安らぎを求める気持ちは、コンピュータを使い、一定のルールに従って行うシステムトレードにも悪影響を与える。その意思決定に感情が入り込む余地はないと思うのだが。

通常、システムトレーディングを使おうと思って、システムのルールを検証すると、そのシステムでは大きな損失を出す場面が過去に何度もあったことを発見するものだ。長期的に利益を上げられるシステムでも、それは十分ありうる。すると、過去のうまくいかない場面の影響を和らげようとして、システムのルールを修正したくなるのが人情だ。このプロセスが何度も繰り返されると、シミュレーションの結果は緩やかなものになる。

結果的に、それは過去の市場変動に対して最適になるようにシステムを修正することになる。そうなったシステムは気分よく使える。過去にとてもうまくやれたはずのシステムだからだ。

ところが、皮肉なことに、過去の動きに対して最適になっていればいるほど、将来の実績は芳しくない。

問題は、あとから調べた過去の価格変動に対して優秀な成績を出せるようなシステムになっているところだ。将来の価格は過去とは違う。過去に合わせていると、それだけ将来の価格変動に合わなくなる可能性が高くなる。気分よくなりたいという気持ちが、コンピュータを使うトレーディングにも悪影響を与えるのだ。

❖人間の生まれつき持つ欠陥を意識しよう

この話の結論は、ほとんどの人がお金を失うのは、スキルがないからというだけでなく、気分をよくする選択をしようとして、実際にはランダムにやるより悪い結果を引き寄せている、ということである。

人間の生まれつき持っているこの欠陥を意識することが、気分はよくなるが悪い結果をもたらす判断に抵抗する第一歩である。

17

Emotions and Trading

トレーディングから感情を切り離す

❖本当の成功者は興奮しない

ロッククライミングのフリーソロは、自分をどれだけ信じられるかに挑むスポーツだ。一切の装備をつけずに山を登る。600メートルもある垂直に切り立った崖を命綱なしで登る様子を思い浮かべればわかるだろう。ちょっとした間違いも命取りになる。このスポーツをやる人はアドレナリンがあふれていると思うかもしれない。しかし、それは間違いだ。

アレックス・オノルドは誰もが認める世界最高のフリーソロクライマーだ。ヨセミテ国立公園にあるハーフドームの北西の壁（垂直に600メートルもそびえ立つ絶壁）を初めて登るなど、数々の記録を残している。

2011年10月10日のテレビ番組「60ミニッツ」がオノルドを特集し、レポーターのララ・ローガンが質問した。「アドレナリンを感じるでしょう」

アドレナリンが出たら、何か大きな間違いが起きているということです。

アレックス・オノルド

オノルドは答えた。

「アドレナリンがあふれることはありません。アドレナリンが出たら、何か大きな間違いが起きているということです。すべて、時間をかけて、慎重に進めなければなりません」

この言葉は、そのまま熟練トレーダーにも当てはまる。高いリスクを取る大きな取引でアドレナリンが出っ放しというようなハリウッド映画でありそうなシーンは、本当に成功するトレーディングとは無縁のものだ。

❖興奮は高くつく

ラリー・ハイトは、先物取引で破産した友人とテニスをしていた。その友人はラリーがコンピュータのシステムトレードに素直に従っていることが理解できなかった。

「ラリー、どうしてそのやり方なんだい？　退屈だろう」

「興奮したくてトレーディングをやっているんじゃないよ。勝つためにやってるんだ」

チャールズ・フォルクナーは、トレーダーをコーチするために、人間の優れたところをモデル化する研究をしていた。初期の頃の顧客に、非常に感情的なトレーダーがいたという話をフォルクナーはしてくれた。その人は利益を上げられるシステムを開発したのだが、それに素直に従えなかった。フォルクナーは彼に、マーケットから自分の感情を切り離すテクニックを教えた。最初はうまくいって、そのトレーダーはシステムの指示に従って利益を上げることができた。

ある日、トレーダーの働いているところにフォルクナーが同席した。最初の2時間ほどでトレーダーは7000ドル稼いだ。自分のコーチングがうまくいっていると喜んだちょうどそのとき、トレーダーが彼に振り向いて、抑揚のない声で言った。

「退屈だ」

結局、そのトレーダーは次第に興奮していった。

「彼はマーケットと感情を切り離す方法を知っていた。しかし、それを続けたくなかったのだ」とフォルクナーは言った。興奮を求める場所として、マーケットは非常に高くつくことを覚えておこう。

❖勝たなければならないと思ったら、勝てない

スタンレー・ドラッケンミラーが１９８１年に自分の運用会社を始めたとき、ドライスデール証券とのコンサルティング契約の収入だけを頼りにしていた。ドライスデール証券からは毎月1万ドル支払われた。１９８２年5月にドライスデール証券は突然倒産した。その結果、ドラッケンミラーはキャッシュフローの問題を抱えることになった。当時、ドラッケンミラーが運用していた７００万ドルの資産から年間7万ドルの手数料を得ていたが、彼の会社の経費は年間18万ドルに上っていた。手元の現金はわずか5万ドル。ドライスデール証券からのコンサルティング収入がなければ、彼の運用会社の存続は難しかった。

その頃、ドラッケンミラーは、金利の見通しについて絶対の自信を持っていた。1年前に過去最高値を記録したあと、金利は低下していて、その後も下がり続けると見ていた。彼は手元の5万ドルすべてを注ぎ込み、高いレバレッジをかけて米国債先物(1)のロン

グポジションに投入した。文字通り、社運をその取引に賭けたのだ。４日後、金利は上昇を始め、彼はすべてを失った。

それからわずか1週間後に、金利は相場サイクルの高値をつけたあと、そこからはるか下のレベルまで下がってしまったのは皮肉な話だ。ドラッケンミラーが先物取引をしたのは、債券価格の大底から1週間以内という、これ以上ないほどよいタイミングだったが、彼はお金を失った。ドラッケンミラーの分析は完璧だったが、その取引には感情が潜んでいた。過大なレバレッジ、会社を救う最後の賭けには、適切な計画性がなかった。失敗は当然の結果だったのである。やけっぱちで軽率な取引にマーケットが報いてくれることはまずない。

❖衝動的な取引は大損失をもたらす

衝動的に行う取引は危険である。マーケットの魔術師たちに、過去の最悪の取引を質問すると、衝動的な取引という答えがよく返ってくる。ブルース・コフナーが、とんでもなく苦い経験で、心理的には破産したも同然の取引として挙げるのは、衝動的に行った判断である。

1977年、コフナーがまだ駆け出しだった頃だ。当時、大豆が不足していた。供給は厳しく、旺盛な需要が続いていたので、次の収穫までに大豆がなくなってしまう恐れがあるとコフナーは考えた。この状況を受けて、コフナーは高いレバレッジをかけて7月限の取引にロングのポジションを取り、新しい収穫が出てくる11月限の取引にショートのポジションを張った。途中で供給不足になるので、11月の新しい収穫ではなく、7月限の価格が跳ね上がると考えたのである。

その予測は見事に当たっていた。マーケットでは、一時、古い収穫に対してストップ高が続く状態となった。コフナーの利益はぐんぐん増えていった。

ある朝、マーケットが新たな高値をつけたとき、コフナーはブローカーからの電話を受けた。

「大豆が月に行ってしまうほどの勢いですよ！」

ブローカーは興奮していた。

「7月限はストップ高になりそうです。11月限もそれに続くのは間違いないでしょう。11月限をショートにしているのはよくないですよ。11月限のショートを手仕舞えば、2、3日もすればマーケットはストップ高になるから、また儲かります」

コフナーはショートポジションを解消することにした。その結果、7月限のロングポジションだけが残った。

私は衝動的に決めたのかとコフナーに尋ねた。

「狂っていたとしか思えない」

決断したわずか15分後に、ブローカーがまた電話してきた。今度は完全に取り乱していた。

「どう言えばいいかわからないが、マーケットはストップ安になっています。どうしたらいいのか……」

コフナーはショックを受けたが、ただちに7月限の取引を始末しろとブローカーに叫んだ。幸い、マーケットは数分間だけ取引ができ、彼は抜け出すことができた。その後、数日のマーケットは、上がっていたときと同じスピードで急落した。すぐに出ていなければ、大きな信用取引をしていたコフナーは、資金をすべてなくしていたかもしれなかった。コフナーがブローカーにショートポジションだけの解消を指示してから、ロングポジションを解消するまでの間に、彼の資金は半分になっていた。

マーケットがパニックに陥っているときに、スプレッド・ポジションのショート側だけを解消するという衝動的な判断は、リスクをまったく考慮していなかったとコフナーは認めている。

「自分ではできると思っていた合理的な行動を取れなかったことが、最も悩ましい問題だった」とコフナーは語った。

❖感情に流されて投資戦略を変えてはいけない

マイケル・マーカスが最悪の取引として思い出すのも、大豆でやってしまった衝動的な判断である。１９７３年の超強気のマーケットで、マーカスはロングポジションを取った。当時、大豆の価格は過去の最高値の３倍まで跳ね上がっていた。急上昇が続く中、マーカスは突然、ポジションすべての利益を確定させてしまった。

「トレンドに乗っていたけれど、人と違うところを見せたかったのだと思う」

マーカスは同じ会社で働いていたエド・スィコータを目標としていたが、エドはポジションを維持した。トレンドが変わる気配は何もなかった。マーケットはその後12日間連続でストップ高となった。

大豆は今日もストップ高で、スィコータはポジションを維持しているのに、自分はもう何もないとわかっていたので、マーカスは会社に行くのがイヤだった。これはあまりにもつらい経験で、ついに彼は苦痛を和らげるために睡眠薬を飲んだ。

マーティ・シュワルツは損失を取り戻そうとして衝動的な行動に出ることの危険性を指摘する。

「失敗したとき、人は必ず気が動転している。すぐに取り戻そうとするトレーダーがほとんどだろう。より大きな取引を考える。損失を一気に取り戻そうとすると、まず失敗する」

私の経験から言っても、衝動的な取引ほど失敗する確率が高い取引はないと思う。どんな手法を使っていても、トレーディング戦略をいったん決めたら、それを貫き、衝動的な投資判断を避けるべきだ。

衝動的な取引の例を挙げれば、計画していなかった取引を行うこと、目標値に達していない、あるいは損切りポイントまで落ちていないのに利益を確定すること、また、友人やマーケットの専門家と呼ばれる人のすすめで取引を行うことなどがある。

❖直感と衝動は別物である

衝動的な取引と直感による取引を取り違えないように注意してほしい。衝動的な取引は十中八九失敗するが、直感による取引は経験を積んだトレーダーにとっては利益を上げる可能性が高い取引になりうる。

直感に、神秘的あるいは迷信的な要素はない。それは潜在意識の中にある経験だ。マーケットがある方向に動くという直感をトレーダーが得るとき、過去の同様の状況を無意識に思い出していることが多い。

起きてほしいことと、起きるとわかっていることとを分けて考えるのがポイントだ。

匿名トレーダー

感情が入ると、マーケット調査とトレーディングの判断を危うくする可能性がある。トレーダーがロングポジションを取っている場合、そのポジションを取っていないときよりも、弱気を示すマーケットのサインを見落としがちになる。ロングポジションで価格上昇を期待しているときに、弱気の予測を受け容れるのはとてもつらいと思うのかもしれない。

一方で、ポジションづくりを決めかねているトレーダーは、価格が上昇を続けるというサインを無視するかもしれない。いまマーケットに参加すれば、価格が低かったときに買わなかった失敗を認めることになるからだ。

そして、マーケットが上がる、または下がるという予測を広く公表するトレーダーは、逆方向を示す指標を認めようとしない。

これらの例が示すように、心の中にこだわりがあると、冷静なマーケット分析やトレーディングの判断を曇らせ、自分が受け容れにくいエビデンスを認めようとしなくなる。しかし、潜在意識はその影響を受けない。名前を明かさない約束でインタビューした匿名トレーダーは、「起きてほしいことと、起きるとわかっていることとを分けて考えるのがポイントだ」と語った。

「直感」とは、感情による歪みに邪魔されずに、利用できる情報を過去の経験に基づいて客観的に統合したものなのかもしれない。残念だが、潜在意識の中にあるものを意識的に利用することはできない。しかし、直感でマーケットの見通しが浮かんだら、トレーダーはそれに注目してみるべきだろう。

18

Dynamic versus Static Trading

市場に合わせて動的に投資する

❖変化に適応することが必要

本書に登場するほとんど、あるいはすべてのトレーディングの原則は、時を超えて使えるものだが、トレーディング戦略や手法は状況に応じて適応させる必要がある。コルム・オシアにどんなルールでトレーディングを行っているか質問したとき、彼はこう答えた。

「リスクについてのガイドラインはあるが、従うべきルールというものはあてにしていない。トレーディングで成功している人は、長い間に状況に応じた変化をしている。使っているルールがあるとしても、10年後にはそのルールを自分で破っているはずだ。自分を取り巻く世界のほうが変化しているからだ。ルールは特定の時間やマーケット状況において使えるものだ。素晴らしいルールを持っていたとしても、そこで満足して先に進もうとしない人はトレーディングで失敗する。ルールが機能しているからという理由で、それにしがみついていると、前と同じことをしているのにうまくいかなくなって困ってしまう。世界のほうが変わっていることに気づかないのだ」

トレーディングで成功している人は、長い間に状況に応じた変化をしている。

コルム・オシア

実績を残したトレーダーが変化に適応していることをわかりやすく示す事例をエドワード・ソープが紹介してくれた。彼は長くキャリアを重ねる中で、誰もやったことのない数多くのことを初めて手掛けてきたが、スタット・アーブ（高度な統計的な手法を用いた裁定取引）を戦略に採り入れたのも彼が最初だった。

スタット・アーブというマーケットに中立な戦略では、非常に多くのロングポジションとショートポジションで株式のポートフォリオを構成し、マーケットの動きやその他のリスクを最小限に抑えるようにバランスを取っている。割安になっている株式にロングポジションを、割高になっている株式にショートポジションをつくり、価格変動に伴って構成を動的に調整する。必ずしも必須ではないが、どの株式が割安、あるいは割高かの判定には、通常、ミーン・リバージョン（株価がその企業の基本的な価値から一定の範囲以上かい離すると、株価はやがてその基本的な価値に戻る傾向）の考え方を用いる。

１９７９年にソープは「指標プロジェクト」と名づけた調査を立ち上げた。個別銘柄の株価予測になんらかの意味を持ちそうな指標を探し出そうとしたのだ。彼のチームは、予想外の増益、配当性向、株価純資産倍率（ＢＰＲ）など、ありとあらゆる指標を調べた。その過程で、最近アップダウンが最も激しい銘柄に注目した調査メンバーがいた。調べてみると、株価の短期的な動きを予測するのに非常に効果的だという結果が出た。要するに、最も上昇した株式は、次の期間の株価は冴えず、最も大きく下落した株式の株価は、次の期間では非常に好調ということだった。彼らはこの手法をＭＵＤ（最もアップダウンしたもの）と呼んだ。

当初、この手法では、株式のロングとショートのポジションのバランスによってリスクをコントロールしようとした。うまくやれば、これでリスクをコントロールできていたが、次第に成績が落ちてきた。そこでソープは、マーケットに中立なだけでなく、産業セクターのリスクにも中立なポートフォリオを構築する手法に改めた。

しばらくして、この手法に陰りが出てくると、ポートフォリオは数学的に定義したさまざまな要素に対して中立にする手法に改めた。こうして三度目の修正を加えた頃には、当初のシステムはすでに激しく劣化していた。継続的に必要な戦略を採用していくことで、優れたリスク・リターンの実績を維持できたわけだ。もし当初は非常にうまく機能していた初期のシステムにしがみついていたら、収益は次第に失われていたはずである。

❖1回の取引と段階的な取引

ポジションをつくったり解消したりするのは、一度にやらなくてもよい。取引金額すべてを一度に買い、やはり一度に売るトレーダーが大部分ではあるが、段階的にするほうがよいことも多い。

トレーダーは次のような悩みによく直面する。これからマーケットが上昇すると強い確信を持っているときに、目の前で価格が大きく跳ね上がった。もしいま買って、相場が一時的に下がると、長期的なマーケットの方向性を正しく判断できていても、調整による最初の損失によって、その取引から手を引くことになるかもしれないと心配する。一方で、その取引にとてもうまみがある場合、価格が戻るのを待っていると、チャンスを逃してしまう可能性が大きい。

この場合には、次のような方法がある。まずマーケットで一部を買い、残りは段階的に買い増していくことでチャンスを狙うのである。段階的に買い増しをすれば、大きく跳ねたあとの高値ですべてを買ってしまうリスクを回避しながら、マーケットが上昇したときに、少なくとも一部の金額について、その上昇に乗ることができる。買い値の平均を下げることができるので、当初の損失を恐れて長期的によい取引を諦める可能性が少なくなる。

ポジションを解消する際にも、同じ考え方を当てはめることができる。あなたが持っているロングポジションが大きな利益を生んでいるときに、どう解消すればいいか。すべてを一度に解消したあとで、価格の上昇が続くと、その後の値上がりによる利益を取り損ねるかもしれない。しかし、すべてを保持したまま、マーケットが逆に動いてしまうと、せっかくの利益の大部分を失う恐れもある。

別の方法として、徐々にポジションを解消していけば、マーケットの反転で利益を失うリスクを小さくしながら、上昇が続いていたら部分的にその恩恵にあずかれる。

ソロモン・ブラザーズで外国為替のグローバルヘッドをやっていたビル・リップシュッツは、外国為替のファンドを扱うハザーセージ・キャピタル・マネジメントのポートフォリオマネジャーもやっていた。彼は、段階的な取引を駆使して、うまみのある長期の取引をうまく扱っていた。

「そのやり方のおかげで、ほかのトレーダーのポジションよりもずっと長い期間にわたって勝つ取引を続けることができた」

完璧に正しくありたいという願望は捨てよう。オール・オア・ナッシングではなく、段階的に始めて段階的に終えることで、最高の結果は得られないけれど、最悪の事態になることが避けられる。

❖マーケットの流れとは反対にポジションを調整する

普通、トレーダーは、取引とは二段階で行うものだと考えている。いつ（どこで）始めるかの決定を行い、いつ（どこで）出るかの決定をする。しかし、トレーディングは、入る時点と出る時点の間の動的なプロセスと考えるほうがいいだろう。

動的なプロセスということを私のインタビューで最もよく実証してくれたのは、ジミー・バロディマスである。彼はファースト・ニューヨーク証券専属のトレーダーで、たいへん優れた実績を残した。彼こそ、典型的な異端児と言えるだろう。私が『続マーケットの魔術師』で彼について書いたときの最初の文章は「ジミー・バロディマスはあらゆるルールを破る」だった。

実際にバロディマスは掟破りなのだ。マーケットが急上昇しているときに売り、急落している最中に買う。負けている銘柄に追加の買いを入れ、勝っている銘柄をショートする。彼の手法を人にすすめる余地はまったくない。それは、ほとんどの人にとって、ファイナンスにおける自殺行為に等しいと思う。しかし、たった1つだけだが、彼のスタイルには、多くのトレーダーの参考になりうる点がある。すぐにその話をするが、そのおかげで、彼はマーケットの負け側にいても利益を上げることができるのである。

初めてバロディマスにインタビューしたのは2011年2月22日だった。その日、株式市場は激しく下落した。それまで、2月はショートポジションには厳しい状況が続いていた。ほぼ連日、3日と置かずに高値を更新していたのだ。バロディマスは2月の間ずっと大きなショートポジションを持っていた。22日の大きな下落で、その月に上がった市場価格の半分近くがなくなったが、彼はその月の損失を取り戻す以上の利益を得た。

私はバロディマスへの質問の中で、「自分がマーケットの負け側に居続けていたにもかかわらず、勝てるというのは、どういうことなのでしょう」と聞いた。

マーケットが自分のほうを向いているときには、資金を取引から少し外しておく。そうすると、マーケットが急上昇したときに、ぼくのポジションは小さくなっているので、大いに助かるんだよ。

ジミー・バロディマス

バロディマスはそのときショートポジションを取っていたので、その立場からこう答えた。

「マーケットが自分のほうを向いているときには、資金を取引から少し外しておく。そうすると、マーケットが急上昇したときに、ぼくのポジションは小さくなっているので、大いに助かるんだよ。仕事を始めた頃から、このやり方だ。うまくいっているときに、資金を運用しないで取っておく。いつも必ず」

マーケットの変動の逆向きにポジションの大きさを調整するのが、バロディマスが成功した大きな要因だった。急落したときにショートポジションを小さくし、急上昇したときにはショートポジションを最大まで積み上げる。彼は自分のポジションを非常にうまく調整するので、ちょうど22日のように、マーケットの流れの反対側にいても利益を上げることができる。ポジションを取引するバロディマスの天性の技に匹敵する腕を持つトレーダーはほとんどいないだろうが、動かずにいるトレーディングよりも、動的なほうがうまくいくと考えるトレーダーは多いと思う。

❖動的なトレーディング手法

動的なトレーディングとは、実際、どのようにやるものだろうか。

基本的には、利益の上がる局面でポジションを小さくし、その後の調整（一時的な下げ）の中で再構築する。ポジションが軽くなっていて、再参入のポイントまで相場が戻ってきたら、ほかのやり方では得られない利益を手にすることになるだろう。最初の買いから最後の売りまでを考えると、値動きが思ったようにならない取引でも、ポジションとは逆の取引をして利益を上げることも可能である。つまり、価格が好都合な方向に動いたときに取引額を小さくし、逆向きに振れたときに増やすのだ。

うまくいっているときに取引額を小さくすることには、もう1つメリットがある。価格調整によってその取引をやめなくてはいけなくなるリスクを小さくしてくれる。ポジションはすでに抑えているので、価格調整のインパクトが小さくなる。さらには、解消したポジションを再び取るチャンスでもあると考えることもできる。

例えば、あなたが40という価格水準で株式を買い、50になる目標を持っているが、45のところにレジスタンスライン（抵抗線）があると考えているとする。この状況で、あなたは45の水準でポジションをいったん引き下げ、その後、価格が下がったところでポジションを買い戻す戦略をとることができる。こうすると、下方調整に対して抵抗力がつく。逆に、動かないトレーディング手法だと、下方調整の段階でポジション全体の利益が失われ、その取引を解消せざるをえない状況に陥る可能性が高くなる。

うまくいっているときに取引を小さくし、調整局面で買い戻す戦略が危険なのは、再参入の水準まで下がることなく、想定した方向に進み続ける場合だ。しかし、この場合には、戦略の定義から考えて、保持しているポジションは非常に大きな利益を上げているはずだ。したがって、全体を平均すれば、このような動的なトレーディングは調整のある価格変動において利益を増やすことができ、同時に、うまみのある取引のチャンスを広げてくれる。犠牲にするのは、想定した方向に進み続けた場合に得られたはずの一部の利益でしかない。

ポジションを調整する取引はどのトレーダーでも使える手法ではないが、それがとても有効だと考えるトレーダーもいるはずだ。

19
Market Response

マーケットの反応を見る

❖ニュースよりもマーケットの反応のほうが大事

ニュースに対してマーケットが予想外の反応を示す場合、その反応はニュース自体よりも大きな意味を持つ可能性がある。マーティ・シュワルツは、マーケットの動きの分析方法を教えてくれた人として、友人のボブ・ツェルナーの名前を上げた。

シュワルツによると、その基本原則は、「よいニュースを聞いて下がったときのマーケットはとても弱い。悪いニュースが出ても上がるマーケットはとても元気だ」となる。
私がインタビューしたトレーダーの多くが、これと同じ経験を話してくれた。

よいニュースを聞いて下がったときのマーケットはとても弱い。悪いニュースが出ても上がるマーケットはとても元気だ。

マーティ・シュワルツ

❖強気のニュースなのに弱気のサイン

ランディ・マッケイが、重大なニュースに対するマーケットの反応を織り込んだトレーディング手法を説明してくれた。
「ぼくは、供給が過剰だからマーケットが下がるとは考えない。それよりも、重大なニュースに対するマーケットの反応のほうが要注意だ」

その例として、マッケイは、1991年1月に始まった湾岸戦争のときの金マーケットの反応を挙げる。アメリカ軍の最初の空爆の前夜に、金は心理的に重要な400ドルという水準を少し下回る価格で取引されていた。空爆が始まった夜に金は400ドルを超えて上昇し、アジア市場で410ドルをつけたが、その後390ドルに反落した。戦争によって始まった上昇相場のレベルを下回ったのだ。強気なニュースなのに価格が下落したことを、マッケイははっきりした弱気のサインと判断した。翌朝のアメリカ市場は非常に低い水準で始まり、その後、数カ月下がり続けた。

マッケイはニュースに対するマーケットの反応をずっと前から注視していた。湾岸戦争の9年前の1982年に、株式市場が非常に強気になったときがあった。マッケイは商品先物のトレーダーであり、それまで株式を取引したことがなかった。しかし、彼は株式市場の上昇が非常に強いと確信していたので、株式の口座を開設した。

株式の取引をしたことがないのに、そこまで株式の上昇を確信できた理由を尋ねると、マッケイは、「上昇につながる特別なニュースが何もないのに、ほぼ毎日、株式市場は上昇を続けたことが理由の1つだ。実際には、当時はかなり暗いニュースが多かった。インフレ、金利、失業率のすべてがとても高かったのだ」と答えた。

このときも、一見するとファンダメンタルズが弱いのに、株価が着実に上昇するマーケットの状況が株価動向の重大な手がかりを示していた。

❖なぜ悪いニュースで相場は上昇するのか?

レイ・ダリオは、若い頃、ニュースに対するマーケットの反応に驚いたときのことを振り返った。1971年に大学を卒業後、ニューヨーク証券取引所に就職した。8月15日に、ニクソン大統領がアメリカの金本位制を停止し、金融システムは大混乱に陥った。このニュースは悪いニュースだとダリオは考えたが、驚いたことにマーケットは上昇した。

それから11年後、アメリカが不景気と11%以上という高い失業率で苦しんでいたときに、メキシコが債務不履行に陥った。ダリオはアメリカの銀行がラテンアメリカに巨額の貸し出しをしていることを知っていた。当然、この債務不履行は株式市場に対して大打撃になると思った。しかし、それはとんでもない思い違いだった。メキシコの債務不履行のニュースが入ったとき、株式市場はちょうど底を打ったところで、それから18年間にわたって上げ相場が続いたのである。

どちらの場合も、ダリオの予想とまったく逆の反応をマーケットが示したことについて、ダリオはこう述べた。

「1971年の金本位制停止と1982年のメキシコの債務不履行は、どちらも危機の到来に対して中央銀行がそれを緩和し、救済しようとしたことが、危機自体の衝撃を押し流してしまったのだ」

これと同じ状況は、2008年から翌年にかけての金融崩壊のすぐあとに起きた大きな上げ相場でも目撃したところだ。このときの市場回復も、中央銀行による積極的な介入のおかげだった。

マーケットがニュースに対して思いがけない反応をすると、投資家は戸惑う。逆説的に見えるが、マーケットがそのニュースをあらかじめ織り込んでいた結果、その衝撃が小さくなることも多い。

1982年のラテンアメリカの債務不履行は、メキシコが実際に不履行に陥る前から予想されていたことだった。予想していたことがそのとおりに起こると、もはやそれはマーケットの懸念事項ではなくなり、予想と逆方向の反応につながるという皮肉な結果になる。悪いニュースにマーケットが強気の反応をするということについては、別の要因もある。それは、悪い出来事はその程度がひどいほど、それに対する大きな対抗措置を引き出すということである。例えば、経済とマーケットの判断にたいへん大きな悪影響を及ぼす出来事があると、中央銀行は即座に回復のための行動をとって対応する。

❖最も強気のニュースでも、マーケットは期待どおりには動かない

ニュースに対するマーケットの反応をシグナルと捉える場合、重大なニュースに対して必ずしも強い反応がある必要はない。大きな動きになると思われた事態に対して鈍い反応をするのも、それと同じ意味合いがある。

このアイデアに従って動く人がどれだけいるかと、常に自分に問いかけてみることだ。マーケットはすでにあなたのアイデアを織り込み済みかもしれない。

マイケル・マーカス

マイケル・マーカスはこう言ったことがある。

「このアイデアに従って動く人がどれだけいるかと、常に自分に問いかけてみることだ。マーケットはすでにあなたのアイデアを織り込み済みかもしれない」

「そんなことをどうやって判断できるのですか」と私が質問すると、マーカスは、マーケットの状態を読むのだと説明した。

マーカスは、1970年代後半の大豆の上げ相場が典型的な例だと話した。当時、大豆不足が深刻化し、毎週、政府の輸出レポートが出るたびに価格は上昇していた。週次レポートが発表された直後に、マーカスは社内の人からの電話に出た。

「よいニュースと悪いニュースがあるよ」

「よいニュースから先に教えてくれ」

「よいニュースは、輸出レポートがとても良好だったことだ。悪いニュースは、君が建玉制限まで持っていないことだ」（建玉制限とは、投機的な取引で許されている最大限のポジション）

その週のレポートが非常に強気だったため、マーケットは3日連続でストップ高だろうと誰もが予想していた。マーカスはかなり大きなロングポジションを持っていたので、そのレポートで十分な利益を上げるだろうと思われたが、建玉制限までポジションを持っていないのが少し残念だった。翌朝、マーカスは取引開始とともに買い増しの注文を入れた。ストップ高になる前に運よく取引が成立するかもしれないと考えたのだ。それから、「ぼくは静かに面白いショーを見ることにした」とマーカスは言った。

マーケットは予想どおりストップ高で始まった。ところが、その後、価格はストップ高の水準から少し下がったのだ。電話が鳴って、彼のブローカーが買い注文の成立を告げた。マーケットは下がり始めていた。マーカスは考えた。「大豆は3日間ストップ高のはずだ。なのに、初日の午前中にもう維持できなくなった」と。

マーカスはただちにブローカーに電話をかけ、全部売れと必死で注文した。興奮しすぎて、売り注文した金額がわからなくなり、結局、自分のポジションすべてを売り、さらに大きなショートポジションをつくっていた。後日、はるかに安い価格で買って、ショートポジションを解消したのである。

「判断を間違えて大きな利益を得たのは、あのときだけだよ」

マーカスのこの話を聞いて、私自身の過去の体験を思い出した。20世紀最大の上げ相場となった綿花の話だ。このときは価格がポンドあたり1ドル近くまで上がった。南北戦争以来の最高値である。私はロングポジションを持っていた。週次の輸出レポートでは、中国向けに50万ベールの輸出を伝えていた。それまでに見たことのない大きな輸出の数字であった。

しかし、翌朝、ストップ高（200ポイント高）ではなく、150ポイント高で始まり、それから下がり始めた。マーケット開始時がその日の最高値となり、その後30年間以上、その水準に戻ることはなかった。

❖マーケットの小さな反応を見逃さない

ベルリンの壁が崩壊しドイツが再統一されたあと、スタンレー・ドラッケンミラーがドイツマルクに大きなロングポジションをつくったことがある。拡張的財政政策と緊縮的金融政策をとれば通貨は値上がりする傾向があり、ドイツはその両方を着実に実行していくと考えたからだ。湾岸戦争が始まったときも、ドラッケンミラーは大きなロングポジションを持っていた。

その後、ドイツマルクのロングポジションは非常に都合が悪いものになると考えられた。ある日、ドラッケンミラーは、ずっと強気で持っていた35億ドル分のポジションを1日で売り切り、目先の損失をうまく回避したのである。

ドイツマルクへの見方を突然変えた理由を聞いた。

「イラクとの戦争の初期には、ドルは安全な資産として買われていた。ある朝、地上戦が始まる前にフセインが降伏するというニュースが流れてきた。ニュースを受けて、ドルがドイツマルクに対して激しく売られるはずなのに、実際には少し下がっただけだった。これを見て、どう動くかがなんとなくわかったよ」

❖市場に影響を与えないニュースの価値

２００９年にマイケル・プラットは大きなポジションを持った。それは、短期の金利の動きよりも長期の動きのほうが大きくなる、つまりイールドカーブの傾きが急になることで利益を得ようとするものだった。

ところが、この取引にとってマイナスの報道が相次いだ。ニュースを聞くたびに、プラットはこのポジションではひどくやられるなと思ったが、何も起こらなかった。それが何度か繰り返されたところで、プラットは思った。もうどんなニュースが出てきても、イールドカーブがいまよりフラットになることはないのではないか、と。

プラットがポジションを4倍に増やしたところ、長短の金利差が25ポイントから

210ポイントに拡大した。プラットはそのスプレッド拡大の波の半ばで利益を確定させたが、これはその年の彼の最高の取引になった。

❖水中のバレーボールのような回復力

スコット・ラムジーは、商品取引のアドバイザー業務を行うデナリ・アセット・マネジメントのポートフォリオマネジャーだ。この会社は13年間続いたが、その間を通して複利ベース・手数料差引後で年平均15%、しかも年間のボラティリティは11%という実績を上げた。

ラムジーはマーケットが危機的な状況のときにどう対応するかを、水中にバレーボールを押し込んで離したときを例にして話した。

欧州中銀がアイルランドを救済した翌日に、ヨーロッパとアメリカの株式市場が最高値を更新しながら上昇していったことについて、「バレーボールを水中に押し込んだ状態が危機的状況だ。押さえていた手を離す、つまり危機的状況が解消された。ボールは水の上まで跳ね上がる。ぼくたちがマーケットで見たのは、まさにこれだ」と説明した。ラムジーによれば、このような回復力を持つマーケットは「リスクを織り込んだ」状況にあり、さらに上昇を続ける可能性が高いと言う。

❖最強を買って、最弱を売る

ラムジーの話を続けよう。危機におけるマーケットの相対的な強さは、先行きを予測するのに役立つとも言う。

「危機において、どのマーケットが最も強いかを判定する練習をしておけば、マーケットを押しつける圧力が消えたとき、どこが最初に回復するかがわかる。それが最初に水中から飛び出してくるバレーボールだ」

危機において、どのマーケットが最も強いかを判定する練習をしておけば、マー

ケットを押しつける圧力が消えたとき、どこが最初に回復するかがわかる。それが最初に水中から飛び出してくるバレーボールだ。

スコット・ラムジー

マーケットの相対的な強さは、危機的状況だけでなく、あらゆる状況においても重要な要素だとラムジーは考えている。彼が望むのは、最強のマーケットでロングポジションを持ち、最弱のマーケットでショートポジションにすることだ。

例えば、QE2（米連銀の量的緩和の第2段階）が終了するとき、ラムジーはドルからの資金流出が止まり、ドルが持ち直すと考える。ドルに対してどの通貨を売り持ち（ショート）にするかがポイントになる。

「弱かったのはトルコリラだった。ドルに対して過去2年間で最弱の水準まで落ちていた。連銀が狂ったように紙幣を印刷しているのに、ドルに対して上昇しなかったんだ。今度はどうなるかわかりきっている」

マイケル・マーカスも同様に最強を買って、最弱を売る戦略を支持する。

「マーケットがほかのどれよりもひどい動きをしたら、絶対賭けに乗りたくなるだろう。素晴らしいニュースが流れたのに、マーケットが好転しなかったら、絶対にショートだ」

マーカスは1970年代の高インフレ期を振り返る。当時、商品市場はどれも足並みを揃えて動いていた。ある日、極限の状態が訪れる。ほとんどすべての商品市場がストップ高になったのである。ところが、綿花市場はストップ高で始まったものの、売りが出て終値は前日より少し高いレベルに留まった。

「ここがマーケットのピークだ。ほかのすべてがストップ高であるのに、もう綿花市場に日が差すことはなかった」とマーカスは言う。

経験の浅いトレーダーの多くは、出遅れたセクターを買おうとする。ほかのセクターのレベルまで上がっていないから、これから上がる可能性が高いと考えているのだ。マーカスやラムジーはその正反対をやるべきだと主張する。

❖マーケットの相関関係を手がかりにする

異なるマーケットが比較的足並みを揃えて動くときがある。その場合、1つのマーケットが予想外の動きをすると、それが、相関している別のマーケットの動きを考える手がかりになることがある。

ラムジーは、2011年9月に商品市場と株式市場が完全に相関を失ったことを例に挙げる。

2008年の金融危機以後、それまでは無関係だったマーケットの足並みが揃うようになった。リスクオン（リスク志向）の相場では、株式、商品、為替（対ドル）はどれも高くなる傾向があり、リスクオフ（リスク回避）の相場になると、その逆になるようになった。

ところが、2011年9月半ばに、この相関関係が完全に崩れてしまった。株式市場が2カ月ぶりの高値をつけても、商品市場の代表である銅は株価の回復と無関係に年初来の安値近くにあった。

ラムジーはこの動きを商品市場全体の傾向だと読み取り、銅をはじめとして商品は値下がりしやすいと考えた。

その後、市場は、まったくそのとおりに動いた。

20
The Value of Mistakes

間違いには価値がある

❖間違いを通じて投資の腕は上がる

掃除機の開発でプロトタイプを５１２７種類制作した。つまり５１２６回失敗したわけだ。しかし、それだけの失敗があったからこそ、発見が生まれた。

ジェームズ・ダイソン

私は失敗したわけではない。うまくいかない方法を1万通り見つけただけだ。

トーマス・エジソン

人は成功よりも失敗から多くを学ぶ。

プリーモ・レーヴィ

レイ・ダリオの基本哲学も、失敗を通して成長することと言っていいだろう。彼は失敗することを厭わない。よりよくなるための学びを得る場所だと考えているからだ。失敗は進歩につながる道だという考え方を、ダリオは経営するブリッジウォーター社に行き渡らせたいと考えている。間違いについてのダリオの見解には、失敗への敬虔な気持ちがこめられている。

「間違いは、考えられないほどの美を内包している。1つひとつの間違いに、謎とそれを解いたときに得られる宝石が隠されている。将来、間違いを少なくすることにつながる考え方がそれだ。間違いには私たちの正しくないやり方が反映されていて、それが何かを見つけ出せれば、うまくやる方法を学べる。間違いは悪いことだと考えている人がほとんどだろうが、それは違う。間違いを犯し、それを振り返ってこそ、多くのことを学べるのだ」

ダリオは自分の人生哲学と経営理念を「原則」として111ページもある文書にまとめ、社員全員に読ませることにしている。その2つ目のセクションに277条の経営のルールがあり、当然、その中には間違いについてのルールが含まれている。いくつか拾ってみよう。

・学びにつながるなら、間違いは悪いことではない。
・失敗してもかまわないというカルチャーをつくろう。ただし、間違いを明確にし、分析して、そこから学ぶことをしなければいけない。
・あなた自身も同僚も部下も間違いをすることはある。そういう弱さがあることを認識しよう。大切なのは、間違いとどう向き合うかだ。うまく活かせば大きく飛躍できる学びの場と考えれば、間違いが嫌なものではなくなる。

・正しい判断をする過程で間違うことを恐れなければ、多くのことを学ぶだろう。

マーティ・シュワルツは、間違うことに対してどう反応するかはトレーディングとほかの職業とでは大きく違う、と話す。

「多くの職業では、間違いを一生懸命に隠そうとする人がほとんどだ。トレーダーの場合、数字は嘘をつかないので、間違いと向き合わざるをえない」

❖自分の取引を分析しなさい

スティーブ・クラークは、部下に取引の損益を分解して、うまくいったこととそうでないことをよく見るようにとアドバイスする。どこで利益を上げているかトレーダー自身がわかっていないことがよくある。わかっている場合も、その知識をしっかり記録していないことがある。

クラークにアドバイスを求めてくるトレーダーが「このファンドを担当していて、取引はたいへんうまくいっているのですが、損が出続けます」としばしば言ってくるのだという。

彼は「うまくいっていることをもっとやり、そうでないことを少なくする」ということをアドバイスする。わかりきったことだと思うかもしれないが、この簡単なルールを実行できないトレーダーが実に多いのだ。

うまくいっていることをもっとやり、そうでないことを少なくする。

スティーブ・クラーク

❖すべてを記録することが大事

マーケットの魔術師の中には、成功するために不可欠なのは、自分の取引を記録し分析することだと言う人がいる。レイ・ダリオは、ブリッジウォーター社のシステムの根本はこれだと説明する。

「1980年頃から、取引をしたら必ずその取引をした理由をノートに書くことを励行している。取引が終了したとき、実際に起こったことと自分が書いた前提や理由とを比べるのだ」

ランディ・マッケイは、仕事を始めてすぐにうまくいったのは、自分の取引を分析するという日課を厳しく課していたからだと言う。マッケイはフロアトレーダーだった頃にその日課を始めたそうだ。

「若い頃、役に立ったことの中に、自分の取引をすべて分析したということがある。毎日、取引カードをコピーして、帰宅後に復習した。トレーダーなら誰でも数え切れないほどの勝ち負けをすることになる。勝った取引はなぜ勝てたのか、負けた取引はなぜそうだったのかをはっきりさせることが必要だ。それがわかったら、次の取引ではより注意深く選択するようになり、負ける可能性の高い取引を避けられるようになる」

どの間違いも、明確に認識し対処すれば、トレーディング手法を改善するチャンスになる。間違いを1つずつ記録し、そこから得られる注意と手法の変更点を書き出すことは、多くのトレーダーにとって有益だろう。その記録は定期的に見直し、確認することができる。

トレーディングで間違いは避けられない。しかし、同じ間違いを繰り返すことは避けられる。そこが成功と失敗の分岐点になる。

21

Implementation versus Idea

見通しよりも、どう実行するかが大事

❖下落がわかっているのに、空売りしないのはなぜか

取引のアイデアよりも、それをどう実行するかが重要だ。

コルム・オシアは、１９９９年から２０００年初めのＮＡＳＤＡＱの株価急上昇はバブルだったと考えていた。２０００年３月に株価が急落したとき、オシアはマーケットがすでにピークを迎え、それまでの株価上昇のほとんどがこれから失われるとかなり強

く感じた。

ところが、そう思っていたのに、彼は株式でショートポジションを取ることを考えなかった。その理由は何だったのか。

バブル期の株価の上昇はとてもスムーズだったが、バブルが弾けたあとの下落は、下げ相場の中で気紛れに回復することもあって一本調子でないことが多い、とオシアは説明する。

マーケットがピークに達した反動を利用するほうが、株式でショートポジションを取るよりも扱いやすいとオシアは考えた。彼はアメリカ経済が資産の過大評価によって人為的に嵩上げされていると考えていたので、ＮＡＳＤＡＱのバブルが弾けると、景気は間違いなく低調になると判断した。景気が低調になると、金利が低下する。したがって、株式でショートするのではなく、債券でロングポジションを取ることにした。

実際に起きたことを見ると、株価と金利はどちらも低下したが、彼の思惑どおりで、株価の下落は一本調子ではなかった。しかし、金利の低下、つまり債券価格の上昇は比較的にスムーズだった。

根拠は正しかったが、取引が成功した要因は、根拠よりも実行した方法にあった。

２０００年3月にピークに達したＮＡＳＤＡＱは、その後2年半にわたり80％を超える下落を続けることになるが、２０００年の夏には40％以上リバウンドしている。もしオシアが株式インデックスでショートする戦略をとっていたら、目論見は正しかったものの、この大きなリバウンドでストップ高を余儀なくされ、お金を失っていただろう。ところが、代わりに債券でロングポジションを持っていたため、かなりスムーズな価格上昇を見守ることができたのである。

この取引は非常にうまくいった。ただし、その成功の要因は、前提とした根拠が正しかったというよりも、どのような取引を実行したかにあった。

❖よりよいオプション戦略

ダイレクトにポジションを取るよりも、オプションを使ったほうが、はるかによいこともある。ジョエル・グリーンブラットが行ったウェルズ・ファーゴ（銀行）の取引は、直接ロングポジションを取るよりも、オプションのほうがリスクに対するリターンがはるかに高くなることを示す好例だ。

グリーンブラットはこう話してくれた。

「1990年代初め、それまで手数料収入で長期的に安定し良好な業績だったウェルズ・ファーゴは、カリフォルニア州の商業不動産担保ローンの融資比率が高かったため、苦境に陥った。当時、カリフォルニア州の不動産市場は深刻な悪化の最中だった。手数料収入ビジネスの長期的な恩恵に浴す前に、不動産の不振によってウェルズ・ファーゴが自己資本をすべて失ってしまうことも、可能性は低いとは言え、ありえないことではなかった。しかし、生き延びることができれば、不安を反映した当時の80ドルという低い株価は大きく跳ね上がるに違いないと思われた。

この株式についての見方は二者択一だと思った。倒産すれば、いまより80ドル下がるが、うまくいけば逆に80ドル上昇する。ところが、株式を買うのではなく、期限までの残存期間が2年以上のLEAPS（株式長期オプション）を買えば、リスクとリターンの比率は1対1から1対5へと大幅に改善させることが可能だ。

ウェルズ・ファーゴが生き残れば、株価は倍になるはずだ。オプションに投資した私の資金は5倍になっているだろう。失敗したときに失うのは、オプションの費用だけだ。銀行が生き残る確率は五分五分よりもはるかに高いと考えた私にとって、株式は買いだった。しかし、リスクとリターンの関係は、オプションのほうがはるかに上だった。オプションの期限が来るまでに、株価は2倍以上に上がったよ」

22

Off the Hook

難局からすぐに抜け出してはいけない

❖マーケットの魔術師の中のユニークな視点

トレーディングに関するアドバイスの中で、リスクマネジメントや自分を厳しく律することなどは絶対的に重要である。それについてはインタビューしたトレーダーの多くが語っていた。しかし、ほかの誰からも指摘がなかったことを語ってくれるトレーダーもときどき現れる。そのようなユニークな視点は、私には格別ありがたい。

このようなユニークな見解の典型例が、自分のポジションにとても不安になっていて、その局面から容易に抜け出せる場合についてのマーティ・シュワルツの言葉である。
「オーバーナイト、あるいは週末を挟んでポジションを持つことに大きな不安を抱いているときに、思ったよりもよい価格でその取引を手仕舞えるとしたら、通常、そのポジションを保持していたほうがうまくいくものだ」

オーバーナイト、あるいは週末を挟んでポジションを持つことに大きな不安を抱いているときに、思ったよりもよい価格でその取引を手仕舞えるとしたら、通常、そのポジションを保持していたほうがうまくいくものだ。

マーティ・シュワルツ

❖すぐに逃げ出さないほうがいいときもある

シュワルツの言葉の実例に遭遇したのは、ビル・リップシュッツにインタビューしたときのことだ。リップシュッツは、トレーディング人生において初めて心の底から不安を覚えたときの話をした。

それは、リップシュッツがソロモン・ブラザーズで非常に大きな外国為替取引をしていた1988年の秋のことだった。

彼は、ドイツマルクに対するドル安を見通していた。マーケットの動きが小さかったので、通常時よりもはるかに大きいポジションを取っていた。リップシュッツは、ドイツマルクに対するドルのショートポジションを30億ドル持っていた。金曜日の午後のことだった。ミハイル・ゴルバチョフが国連で行った演説で、ソビエト連邦が軍縮に踏み切ることが発表された。これを受けてマーケットは、アメリカも軍備削減を行う可能性が高く、そうなれば財政赤字削減の効果があると見た。その結果、ドルはただちに強くなり始めた。

マーケットがリップシュッツの思惑とは逆行していくのは火を見るよりも明らかだった。できることならポジションをすべて解消したかったが、ポジションが大き過ぎて、金曜日の午後の後半という取引の少ない中では不可能だった。ポジションを解消する唯一の可能性は、大きな取引が期待できる東京市場がオープンするのを待つことだった（それは、ニューヨーク時間で日曜日の夜だ）。

それまでの間にできることは、金曜日の午後の薄商いの中で、ドルのマルクに対する上昇を抑えることだった。リップシュッツは3億ドルのドル売りマルク買いを追加したが、この大口注文をマーケットはあっという間に吸収した。ドルが弱まる気配は微塵もなかった。リップシュッツは自分が窮地に陥ったことを悟った。

リップシュッツは社長のデスクに向かった。

「問題発生です」

「どうした」

「ドルのショートポジションを持っていましたが、マーケットの流動性を見誤りました。

マーケットを鎮めようとしましたが、効果がありません。これ以上は無理です」

社長は落ち着いた口調で言った。

「いま、どれくらいだ」

「7000万から9000万ドルの損失です」

「で、どうする？」

「東京市場が開いたときの水準を見る必要があります。そこでポジションの半分を始末して次を考えます」

リップシュッツは週末中、冷や汗をかきどおしだった。日曜日の夜、東京市場が開いたとき、ドルの水準は下がっていた。東京市場でリップシュッツは窮地を脱することができたのである。

しかし、彼は東京で早めにポジションの半分を解消するという当初のプランを実行せず、待つことにした。ドルは下がり続けた。結局、ヨーロッパ市場でポジション全体を解消し、1800万ドルの損失に抑えることができた。金曜日の午後の段階では、その5倍近い損失が出ていたのだから、これは大成功と言ってよいだろう。

東京市場がオープンして、それまでよりよい価格が出たら、普通ならホッとしてポジションを手仕舞うところなのに、ポジションをそのまま維持した理由を尋ねた。リップシュッツは答えた。

「東京市場の開始とともに取引を手仕舞わなかったのは、その判断が間違いだったからだ」

❖シュワルツのアイデアが私の資金を守ってくれた

私自身のトレーディングの中でも、シュワルツのアドバイスはすごいと思ったことがある。NASDAQは、2011年6月中旬の低い水準から7月初めにかけて、長期的な上げ相場のピークに向かって急上昇した。7月の失業率の発表の前日、終値はその直前の下げから最高値を記録した。翌日の発表が強気のものになるという期待が込められていた。

しかし、実際に翌日出た失業率のレポートは非常に弱気なものだった。普通なら、発表された失業率が悪いと、経済評論家はそれを前向きに解釈する統計や要因を探すものだが、このときは数字が悪過ぎて、前向きに考えられることがまったくなかった。マーケットはただちに売られ、その後も下がり続けた。

午後に入ると回復が始まり、マーケットが閉じるまで回復が続いた。終値は、下げ幅の75％まで回復されていた。その日は金曜日だったので、その週は強い相場展開で終わり、終値は直近数年の高値からあまり離れていなかった。

その頃、私は中間的な高値を狙っていて、その日はショートポジションを極端に大きくしていた。悪いニュースを帳消しにし、しかも数年来の高値でその週を終えたマーケットの強さには、とても勝てないと感じた。その日の値動きを客観的に見れば、私の立ち位置は間違っていたと言わざるをえない。日曜日の夜もさらに上がり、上げ相場が続くと考えていた。

金曜日の値動きを見たあと、私は諦めて、ポジションの大部分を日曜日の夜から月曜日に解消するつもりだった。日曜日の夜、私は最悪の事態を恐れていたが、マーケットは最初の10分間で、金曜日の終値から15ポイント安まで下げた。シュワルツの言葉を思い出した私は、ショートポジションの10％だけを解消した。月曜日の株式市場の寄り付きではさらに下がっていて、その後も下げ続けた。シュワルツのアドバイスに従って、私は多くの資金を守ることができた。

危機から簡単に脱出できるマーケットから、出てはいけない。

危機から簡単に脱出できるマーケットから、出てはいけない、というルールがうまくいくことが多いのはなぜだろうか。

よく考えてほしい。オーバーナイトや週末またぎのポジションを心配しているのは、何か大きな出来事があったときである。例えば、持っているポジションに対して不都合なニュースが出たり、まだショートポジションなのに金曜日の終値が高値を更新したりした場合だ。

そのとき、ニュースや状況を見ているのが、あなた1人だけということはまず考えられない。逆に、すべての関係者が同じ事実に直面している。翌日のマーケットで不利な動きをもたらすと思われる出来事があるのに、実際のマーケットはそう動かず、逆方向に動くことがあるというのは、多くの人があなたと同じ状況にあることを示している。

結局のところ、危機から簡単に脱出できるようなマーケットでは、出てはいけないという教訓が生まれるのである。

23

Love of the Endeavor

トレーディングを楽しむ

❖トレーディングは仕事や金儲けのためにやるものではない

マーケットの魔術師がトレーディングについて語る言葉には、多くの含蓄が含まれている。

いくつか例を挙げてみよう。

ブルース・コフナー

「マーケット分析は、巨大な多次元のチェスに似ている。純粋に知的な喜びを与えてくれる」

ジム・ロジャーズ

「（マーケットは）大きな三次元パズルだ。ただし、このパズルは、ジグソーパズルのようにテーブルにすべてのピースを広げて、はめ込んでいくようなものではない。パズルの絵柄が常に変化する。毎日いくつかのピースがなくなり、別のものが投げ込まれるのだ」

デビッド・ライアン

「（トレーディングは）大規模な宝探しだ。（チャートを指差して）このどこかに大きな宝箱が隠されている。それを見つけ出すのだ」

スティーブ・クラーク

「テレビゲームで遊んでいる気分だよ。それでお金をもらえるなんて信じられない。とても楽しいので、収入なしでもやるね」

モンロー・トラウト

「今日引退して、金利で残りの人生を楽しく過ごすこともできる。結局、ぼくはトレーディングをやりたいんだ。子供の頃、ゲームが好きだった。いま、すごく面白いゲームをやり、けっこうな給料をもらっている。正直なところ、これ以上にやりたいことはないよ。トレーディングが楽しくなくなるとか、もう利益を出せないと思ったら、ぼくは辞めるね」

これらの発言に共通するものは何だろうか。みんなゲームと似ていると話している。マーケットの魔術師にとって、トレーディングは仕事や金儲けではない。むしろ、自分がやりたいことであり、挑戦する喜びを追求することである。

トレーディングは仕事ではない。金持ちになることでもない。むしろ、トレーディングは、自分がやりたいこと、挑戦する喜びを追求することなのだ。

❖好きこそものの上手なれ

ビル・リップシュッツにインタビューしたときには、トレーディングが彼の生活の隅々にまで浸透していることに驚かされた。日常生活にトレーディングが完璧に組み込まれている様子を如実に示しているのは、すべての部屋に備えられたモニターだ。ベッドの横にも1台あり、まだ完全に目覚めていないときでも、寝返りを打てばマーケットの価格をチェックできる。シャワールームでも目の前にモニターが1台ある。彼がマーケットに取り憑かれていることを自嘲的に表現しているのか、あるいは誇示しているのか、ひょっとするとその両方かもしれない。

私はリップシュッツに質問した。

「トレーディングが昼夜を問わず1日のほとんどすべてを占めていますね。十分やったいまでも面白いですか？」

「ものすごく面白い。毎日違うことが出てくるから、興味が尽きない。無報酬でもやるね。いま36歳だが、これまで一度も働いたことがないような気がする。複雑なゲームで遊んでいるようなものなのに、こんなにお金をもらえるなんて信じられないよ」

ここでもゲームのたとえ話が登場した。マーケットの魔術師たちにインタビューしてはっきりしたのは、複雑なゲームに勝つのが好きだからこそ、トレーディングに惹きつけられているということだ。大好きだから、トレーディングをやっている。お金持ちになるなど、ほかのゴールを目指しているのではない。それが大きな違いを生み出す。

どんな人がトレーダーとして成功するかという私の質問に、コルム・オシアはこう答えた。

「率直に言って、トレーディングを好きになれないなら、ほかのことを一生かけてやったほうがいい。お金を儲けようという目的でトレーディングをやって、うまくいく人は皆無だ。お金だけが目当てなら、成功したトレーダーは5年もすれば仕事を辞め、あとはお金を使って過ごすだろう。しかし、トレーダーはそうしない。ジャック・ニクラウスは大金持ちだ。なぜ彼は60歳を過ぎてもゴルフを続けていたのだろうか。きっと、ゴルフが本当に好きなんだよ」

あなたのまわりにいる成功した人を見れば、どんな職業でも共通して、その仕事を心から愛していることに気づくはずだ。それはトレーディングも同じである。何かを探求する仕事はどれもそうだ。

もちろん、トレーディングが大好きでも、成功するとは限らない。しかし、その気持ちがなければ、十中八九失敗する。

Appendix

付録　オプションの基礎知識（1）

❖プットオプションとコールオプション

基本的なオプションは2つある。コールとプットだ。

コールオプションを買うと、買った人は対象になった証券を、行使期限の日まで、いつでも特定の価格（行使価格という）で買う権利を得る。ただし、義務ではない。

プットオプションは、対象になったものを、行使期限の日まで、いつでも特定の価格（行使価格という）で売る権利を買い手に与える（したがって、プットを買う行為はその後の市場の下げを想定し、プットを売る行為はその後の上昇を想定した取引になる）。

オプションの価格はプレミアムと呼ばれる。

コールオプションの買い手は、値上がりすると予測していて、行使価格で購入して利益を得ようとする。コールの買い手にとって、損失は最大でもオプション購入のために支払ったプレミアムの金額に限定される。

市場価格よりも行使価格が高い状態で期限を迎えた場合、オプションは行使されず、このコストが発生する。例えば、IBMの株式が205ドルで取引されているときに、それを210ドルで買うことのできるオプションが期限切れになると、このオプションは無価値になる。期限内において、市場価格が行使価格よりも高ければ、オプションには価値があり、行使されるはずだ。しかし、市場価格と行使価格の差がプレミアムよりも小さいと、ネットではマイナスになる。コールの買い手が利益を上げるには、この差がプレミアムと手数料を合わせた額よりも大きくなっていなければならない。市場価格が高いほど、利益は大きくなる。

プットオプションの買い手は、値下がりを予測していて、売る価格を確定させて利益を得ようとする。コールの場合と同様に、買い手にとって損失が最大になるのは、オプションのプレミアムの金額だ。行使期限までプットを持っていた場合、行使価格が市場価格を上回り、その差がプレミアムと手数料よりも大きければ、利益が出る。

コール、プットの買い手のリスクは限定されていて、利益には天井がない。しかし、売り手はその逆である。

オプションの売り手は、オプションが行使された場合に、その逆のポジションを行使価格で取ることを約束して、オプションのプレミアムを受け取る。コールが行使されると、売り手は対象証券を行使価格でショート（売り持ち）しなければならない。コールが行使されると、買い手は行使価格でロングポジションを持つことになるからだ。

コールオプションの売り手は、横ばいあるいは緩やかな下落を予測していて、その状況で利益を得ようとする。その状況だと、コールを売って得るプレミアムがその取引で得られる最大の利益になる。

一方、大きな下落を予測するトレーダーは、対象証券をショートするかプットオプションを買う。これは、天井なしの利益を得る可能性のある取引になる。このとき、プットオプションの売り手は、横ばいか緩やかな上昇を予測していて、そこから利益を得ようとする。

経験が浅いと、オプションの買い手ではなく、売り手になる理由を理解するのが難しいかもしれない。買い手は利益に上限がなく、リスクが限定されているからだ。

このような誤解は、確率を考慮していないために生まれる。オプションの売り手が取るリスクは、理論的には無限大だが、最も確率の高い価格水準はオプション取引が行われる時点の市場価格近辺である。そして、その場合に売り手は利益を得る。

大まかに言えば、オプションの買い手は、確率は低いが大きな利益を得ることを狙って、オプションのプレミアムという小さな損失を受け容れる。一方、オプションの売り手は、小さな利益（オプションのプレミアムという収入）を得るために、大きな損失を被る小さな確率を受け容れるのである。

❖本質的価値と時間価値

オプションのプレミアムは2つの部分に分けられる。本質的価値と時間価値だ。コールオプションの本質的価値は、現在の市場価格が行使価格を上回っている金額である

（プットオプションの本質的価値は、行使価格に比べて現在の市場価格が下回っているときの差額である）。つまり、本質的価値とは、オプションが現在の市場価格で行使されたときに実現される利益である。それがオプションプレミアムの底値になる。

プレミアムが本質的価値よりも小さければ、トレーダーはオプションを買って、ただちに権利を行使し、その取引を解消することで、利益を得られるからだ（ただし、手数料はカバーできているのが前提）。

本質的価値を持つオプションは、イン・ザ・マネーと呼ばれる。本質的価値がないオプションは、アウト・オブ・ザ・マネーの状態にあると言う。市場価格と行使価格が等しいか、非常に近い場合をアット・ザ・マネーと呼ぶ。

アウト・オブ・ザ・マネーのオプションは、その定義上、本質的価値はゼロだが、一定の価値を持っている。行使期限までの間に、市場価格が行使価格から大きく離れて動く可能性があるからだ。

イン・ザ・マネーのオプションは本質的価値以上の価値を持つ。プレミアムが本質的価値と同じであれば、対象証券よりもオプションのほうが必ず選ばれるからだ。価格が望む方向に動けば、対象証券とオプションは同じ利益を生むが、オプションの損失は限定されているからだ。

プレミアムのうち本質的価値を超えた部分は時間価値と呼ばれる。

時間価値に影響を与える最も重要な要因が3つある。

(1) 行使価格と市場価格の間の関係

大きくアウト・オブ・ザ・マネーの状態にあるオプションは時間価値が小さい。行使期限までの間に、市場価格が行使価格の水準まで達し、さらにそれを超えていく可能性が小さいからだ。

イン・ザ・マネーの状態が強すぎるオプションの時間価値もほとんどない。それでは、対象証券の市場とほとんど変わらないからだ。市場価格が極端に逆の動きをしない限り、利益も損失も変わりがない。つまり、イン・ザ・マネーの状態が強すぎると、リスクが限定されることの意味がなく、それが価値を生まないのである。行使価格は、市場価格からはるか遠くの水準にあるのだから。

（2）行使期限までの残存期間

期限までの時間が長いほど、オプションの価値は大きい。長い期間のほうが、期限までの間に、本質的価値が上がる確率が高くなるからだ。

（3）ボラティリティ

オプションの期限までの間に想定されるボラティリティ（価格の変動幅の比率）によって、時間価値はダイレクトに変化する。ボラティリティが大きいと、期限までの間に本質的価値が上昇する確率が上がるからだ。つまり、ボラティリティが大きいということは、市場価格の変動幅が大きいということである。

オプションプレミアムを決定するうえで、ボラティリティは非常に重要な要素であるが、将来のボラティリティを事前に正確に予測することはできないことを強調しておきたい（逆に、行使価格と市場価格の間の関係、行使期限までの時間は、どの時点でも正確に把握できる）。したがって、ボラティリティは過去のボラティリティのデータを基にして予測しなくてはならない。

将来のボラティリティの予測は、オプションプレミアムの市場価格で導き出されるが、それは過去のデータに基づいたヒストリカル・ボラティリティとは異なっているかもしれない。オプションプレミアムの価格から算出したボラティリティをインプライド・ボラティリティと呼ぶ。

一般的に、オプションのインプライド・ボラティリティは、期限までの間に実際に発生したボラティリティよりも高い傾向がある。つまり、オプションプレミアムは高めに設定される傾向があるということだ。

オプションの売り手は、買い手に価格の保険を提供するために無限大のリスクを負うことになるので、売り手を参加させるには、追加のプレミアムが必要なのだ。住宅の火災保険が、保険会社に利益が出るような価格設定になっているのと同じだ。そうしなければ、限度のないリスクを取る人がいなくなる。

注

1　失敗は予測できない

（1）www.baseball-almanac.com/feats/feats23.shtml　参照。

（2）先物市場の多くで、1日の価格変動幅に一定の制限が設けられている。ストップ安とストップ高がある。マーケット取引の中でストップ安より低い価格の売りがあると、ストップ安のレベルで取引が事実上止まってしまう。売りたい人はたくさんいるが、ストップ安の価格で買おうとする人はいないからだ。

4　投資では優位性が必要

（1）ルーレットをすることが前提である。つまり、ルーレットをしないという、もっと優れた戦略は除外して考えている。

5　ハードワークでなければ投資で成功しない

（1）ベンダーの死因については議論がある。コスタリカ当局が彼の妻を殺人罪で告訴したからだ。私は彼の妻を知っているし、詳しい事情を知るベンダーの親友と話したことなどを勘案すると、私は自殺したという説を支持したい。

8 投資のリスクマネジメント

（1）オプションに馴染みのない読者はこの話を飛ばしてもよいし、付録を読んでから、ここに戻ってもよい。

（2）実績データは、次のウェブサイトから得た。www.barclayhedge.com 参照。

（3）SACキャピタルの複数の元従業員がインサイダー取引で有罪を認め、あるいは有罪判決を受けた。会社自体もインサイダー取引の有罪を認め、18億ドルの罰金を支払った。スティーブ・コーエンは部下の監督責任を問われたが、インサイダー取引への直接の関与はなかったとされた。しかし、コーエンは常に部下のマネージャーたちに取引のアイデアを共有させていたので、コーエンの取引がインサイダー情報の影響を受けていたのか、またその程度はどれくらいだったのかについては議論があった。私の立場からは、彼の実績を半分にしても、驚異的な実績であることには変わりがないとだけは言える。インサイダー情報の影響があったとしても、その程度は小さかったはずだ。そうでなければ、彼自身がインサイダー取引で有罪になっていただろう。純粋に数字的に考えれば、コーエンが非常に優れたトレーダーであることに疑いの余地はない。ここに書いたのは、インサイダー取引による影響をどのように考えても、コーエンが優れたトレーダーであると私が確信する理由であり、それを伝えることが目的である。コーエンがインサイダー取引に直接関与していたとか、彼がそれを見逃していたことを指摘するという意図ではない。私はその点について憶測を述べるつもりはない。

9 どんなときでも自制心を忘れてはいけない

（1）多くの先物市場では1日の値動きの幅に制限を設けている。売り買いのバランスが大きく崩れた場合、値幅制限の価格まで行って、事実上、取引が行われなくなる。マーケットで自由な取引ができる程度に需給が回復するまで、つまり十分に価格が落ちて買い手が現れるまで、数日間取引が行われないこともある。

12　負けもゲームの一部

（1）この話の一部は、『新マーケットの魔術師』（2012年出版の新版）から引用している。

15　取引金額を大きくしてはいけない

（1）この戦略は2007年2月にオムニ・グローバル・ファンドと改名された。それまでは、ハートフォード・グロース・ファンドと呼ばれ、外部投資家には公開されていなかった。

16　気分がよくなる投資はしない

（1）ダニエル・カーネマンとエイモス・トベルスキーの「プロスペクト理論」による。プロスペクト理論は、選択に対してどのような結果が期待されるかを分析することで、なぜ人は合理的でない意思決定をするのかを解明しようとする意思決定理論の1つである。

（2）この部分は『シュワッガーのマーケット教室』（パンローリング）から引用した。

17　トレーディングから感情を切り離す

（1）米国債（米国財務省短期証券）の価格は、その利率と逆の動きをする。

付録　オプションの基礎知識

（1）この部分の初出は『マーケットの魔術師』。

［著者］

ジャック・D・シュワッガー（Jack D. Schwager）

先物とヘッジファンドの専門家であり、ファイナンスに関する多くの著書を発表し、幅広い支持を集めている。1970年にニューヨーク市立大学ブルックリン校で経済学士、1971年にブラウン大学で経済学修士を修めた。ウォール・ストリートの大手証券会社に22年間在籍し、調査部長を経て、ロンドンでヘッジファンド・アドバイザーを行うフォーチュン・グループのパートナーとなった。現在は、ポートフォリオフィット社の代表であると同時に、ADMインベスター・サービシズ・ダイバーシファイド・ストラテジーズ・ファンドのポートフォリオマネジャーでもある。優れたトレーダーについて数多くの著書を発表している。著書に『マーケットの魔術師』『新マーケットの魔術師』『マーケットの魔術師［株式編］』『続マーケットの魔術師』『シュワッガーのマーケット教室』『シュワッガーのテクニカル分析』（パンローリング）などがある。

［訳者］

小野一郎（おの・いちろう）

1955年生まれ。東京大学法学部卒業。日本興業銀行入行。カリフォルニア大学バークレー校経営大学院卒。ロサンゼルス支店、審査部、資本市場部等を経て、同行退職。現在、外資系企業勤務。訳書に『株で富を築くバフェットの法則［最新版］』『となりのバフェットがやっている凄い投資』『ビル・ミラーの株式投資戦略』『バフェット投資の王道』『ザ・クラッシュ』（ダイヤモンド社）などがある。

マーケットの魔術師　エッセンシャル版
――投資で勝つ23の教え

2014年10月23日　第1刷発行
2024年12月25日　第9刷発行

著者――――ジャック・D・シュワッガー
訳者――――小野一郎
発行所―――ダイヤモンド社
〒150-8409　東京都渋谷区神宮前 6-12-17
https://www.diamond.co.jp/
電話／03･5778･7233（編集）03･5778･7240（販売）
ブックデザイン――竹内雄二
DTP――――荒川典久
製作進行――――ダイヤモンド・グラフィック社
印刷――――堀内印刷所（本文）・新藤慶昌堂（カバー）
製本――――ブックアート
編集担当――――田口昌輝

©2014 Ichiro Ono
ISBN978-4-478-02867-4
落丁・乱丁本はお手数ですが小社営業局宛にお送りください。送料小社負担にてお取替えいたします。但し、古書店で購入されたものについてはお取替えできません。
無断転載・複製を禁ず
Printed in Japan

◆ダイヤモンド社の本◆

120 万部超のベストセラー 最新版がついに日本上陸！

バリュー投資とグロース投資を組み合わせたバフェットの法則は、個人投資家に役立つ手法だ。９つの投資事例を中心に、バフェットの戦略を解き明かす。

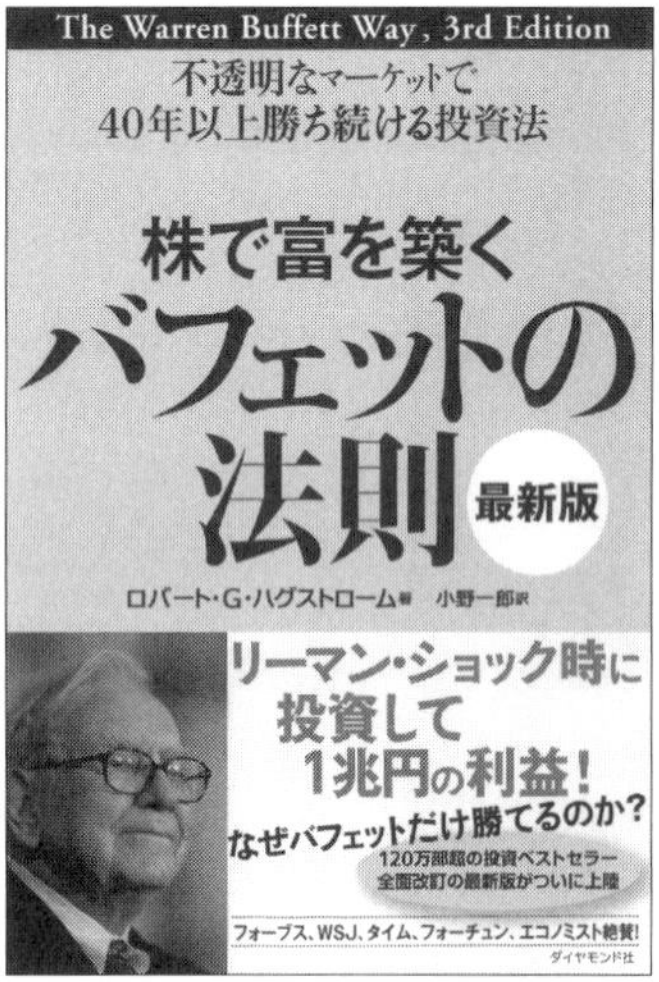

株で富を築くバフェットの法則［最新版］

不透明なマーケットで 40 年以上勝ち続ける投資法

ロバート・G・ハグストローム［著］小野一郎［訳］

●四六判並製●定価（1800 円＋税）

http://www.diamond.co.jp/